BRO A DINAS

890.8 (1) £3.50
Jones, W. J.
Bro a Dinas.

Awdur
Author

Enw
Title

BRO A DINAS

Golygwyd gan W. J. Jones

GWASG Y DREF WEN

Ymgynghorwr: B.D. Harries
Lluniau: David Barlow
Ffotograffau: Ron Hardacre

Cyhoeddwyd drwy gydweithrediad
Awdurdod Addysg De Morgannwg
dan nawdd Cynllun Llyfrau Darllen
Cyd-bwyllgor Addysg Cymru.

Cynnwys

Ffotograffau

Prif afon sir De Morgannwg yw afon Taf. Llifa i'r môr yn nociau'r brifddinas, Caerdydd.

Ar ei thaith, â heibio i'r castell. Y Normaniaid (a siaradai Ffrangeg) a gododd y castell. Cyn iddyn nhw wneud hynny, cododd y Rhufeiniaid (a siaradai Ladin) gaer yma. Ag arian y Saeson yr adeiladwyd y dociau. Mae afon Taf wedi clywed yr ieithoedd yma i gyd yn cael eu siarad. Gan wybod hyn, gofynnwyd iddi hi adrodd tipyn o'i hanes.

Holi afon Taf

Wyt ti'n siarad Cymraeg?
    Siarad Cymraeg? Ydw, bid siŵr,
    Dysgais yr iaith pan oedd fy nwr
    Mor glir â'r grisial, a'r brithyll llwyd
    Yn gwylio rhag cael ei ddal mewn rhwyd.

Wyt ti'n siarad Lladin?
    Siarad Lladin? Fe'i dysgais, do,
    Pan ddaeth y Rhufeiniaid i fyw i'r fro;
    Milwyr yn cerdded o fan i fan
    A chaer y gelynion ar fy nglan.

Wyt ti'n siarad Ffrangeg?
    Fe ddysgais Ffrangeg, mae'n siŵr gen i,
    Pan ddaeth y Normaniaid o Normandi
    I fyw yn eu castell, i dywallt gwaed
    Ac i sathru'r Cymro dan eu traed.

Wyt ti'n siarad Saesneg?
    Siarad Saesneg? Ers cyn co.
    Daeth yr iaith gyda'r ffatri a'r llongau glo;
    Llygru fy nŵr a duo fy mryd;
    Lladd y brithyllod llwyd i gyd.

Beth glywi di heddiw?
    Ni chlywais ddim Lladin ers llawer dydd,
    Na Ffrangeg, chwaith; ond y Saesneg sydd
    Yn uchel ym mhobman. Ond tra fwyf byw,
    Bydd Cymraeg, gobeithio, yn bêr yn fy nghlyw.

Wyddech chi?

Fod un o adeiladau hynaf Cymru yn sir De Morgannwg. Yr enw arno ydy Tinkinswood. Cromlech ydy hi, a godwyd gan bobl a oedd yn byw yn y Fro yn ystod yr Oes Garreg Newydd, filoedd lawer o flynyddoedd yn ôl. Mae'r meini sydd yno'n 4,000 o flynyddoedd oed.

Cromlech Tinkinswood ym Mro Morgannwg

Un o seintiau enwocaf Cymru oedd Illtud Sant. Treuliodd ef y rhan fwyaf o'i fywyd yn gweithio yn Ne Morgannwg. Sefydlodd fynachlog ac ysgol mewn lle a elwir yn Llanilltud Fawr. Deuai rhai mewn oed a phlant i'r fynachlog i gael eu haddysg ac i ddysgu am Dduw. Roedd ysgol Illtud yn enwog iawn. Un o'r rhai a gafodd eu haddysg yma oedd Dewi, nawddsant Cymru.

Illtud Sant

Amser maith yn ôl, mewn pentref yn Llydaw, ganwyd plentyn o'r enw Illtud. Pan oedd yn fychan, roedd wrth ei fodd yn chwarae â chleddyfau a phicelli.

Dywedodd ei fam wrtho un tro, "Rwyt ti'n hoffi chwarae â chleddyf. Rhyw ddiwrnod fe fyddi di'n un o filwyr y Brenin Arthur."

"Pwy yw hwnnw?" gofynnodd Illtud.

"Brenin enwog sy'n byw dros y môr yng Nghymru," oedd ei hateb.

Gwyddai fod ei mab yn blentyn anghyffredin. Dyna paham y trefnodd iddo gael yr addysg orau. Cafodd fynd yr holl ffordd i Paris i gael gwersi gan athro enwog o'r enw Garmon Sant.

Dysgodd am wyddoniaeth a hanes yn ogystal ag am Iesu.

Wedi iddo orffen yn yr ysgol, dywedodd ei fam wrtho, "Mae'n bryd iti feddwl am waith, Illtud."

"Rwy i wedi penderfynu," oedd ateb ei mab. "Rwy'n bwriadu mynd dros y môr i Gymru."

"Pam?" meddai hithau'n syn.

"Mae'ch cof chi'n wael, Mam. Rwy'n mynd i ymuno â byddin y Brenin Arthur."

Roedd ei fam yn adnabod Illtud yn rhy dda i gredu y byddai'n newid ei feddwl. Felly, un bore o wanwyn, aeth gydag ef i lan y môr. Mewn harbwr bychan, roedd nifer o longau; dwy ohonyn nhw ar fin mynd i wlad y Brenin Arthur.

Cafodd groeso gan hwnnw a holl farchogion y Ford Gron; ond roedd yn amlwg cyn hir nad oedd y brenin yn hoffi cwmni'r gŵr ifanc o Lydaw. Dywedodd wrtho un diwrnod, "Illtud, rwyt ti'n ymladdwr da, ond fyddi di byth yn filwr i mi. Mae natur greulon ynot ti."

"Rwy'n falch o glywed hynny," oedd ateb Illtud. "Dylai pob milwr da fod yn greulon. Dyna'r ffordd i ennill brwydrau."

"Ond nid milwyr Arthur," meddai'r brenin. "Chwilio am heddwch mae fy marchogion i, nid am ryfel. Os wyt ti am dywallt gwaed, rhaid iti chwilio am frenin arall i'w ddilyn."

Cododd y geiriau hyn dymer ddrwg ar Illtud. Roedd wedi cael ei siomi gan Arthur. Meddai, "Diolch iti am dy gyngor. Fe af i chwilio am frenin sy'n hoffi trin cleddyf a phicell."

Doedd dim rhaid iddo deithio'n bell. Roedd Pawl Penychen, un o frenhinoedd Morgannwg, bob amser yn chwilio am filwyr creulon, rhai oedd yn hoffi ymladd ac ennill tir.

"Croeso iti, Illtud," meddai. "Dyma'r tro cyntaf imi gael un o filwyr Arthur yn fy myddin."

"Paid â sôn wrthyf i am Arthur," meddai Illtud yn wawdlyd. "Mae'n well gen i frenin sy'n hoffi ymladd."

Roedd Illtud wrth ei fodd ym Mro Morgannwg. Cymerodd ychydig o dir i'w drin a phrynodd geffylau. Roedd ganddo hebogiaid mewn cewyll a gweision i weithio iddo. Priododd â merch dlos o'r enw Trynihid.

Pan nad oedd yn ymladd neu'n trin y tir, roedd yn heboga. Dyna a wnâi un dydd gyda hanner cant o filwyr y brenin pan ddigwyddodd rhywbeth rhyfedd.

Roedden nhw wedi mentro draw at ymyl cors lle'r âi afon Ddawan i'r môr. Doedd fawr o hwyl wedi bod ar yr heboga gan fod yr haul mor boeth. Tywynnai fel pelen o dân uwch eu pennau. Roedd pob milwr yn ddrwg ei dymer; am orwedd yn yr haul a chael llonydd. Yn wir, doedd dim golwg fod neb yn gweithio, ar wahân i fynach a oedd yn trin ei dir ychydig oddi wrthynt.

"Rwy'n mynd i gerdded gyda glan yr afon," meddai Illtud ymhen ychydig. "Hwyrach y dalia i frithyll."

"Mae'n well gennym ni orwedd," oedd ateb y lleill.

"Byddai rhywbeth i'w fwyta'n taro'n dda," meddai un o'r milwyr ymhen tipyn.

"Ac ychydig o gwrw oer," meddai un arall.

"Mae mynachlog yn lle da am fwyd," meddai un arall wedyn. "Mae mynachlog heb fod yn bell oddi yma."

"Rhy bell," meddai un arall.

"Does dim rhaid i ni gerdded cam," meddai'r un cyntaf eto. Cododd ar ei draed a gweiddi ar y mynach a oedd yn trin y tir gerllaw, "Hei, ti! Tyrd yma."

Daeth y mynach ato. Roedd ôl blinder ar ei wyneb.

"Mae angen bwyd arnom ni. Hanner cant ohonom ni."

"Rwy'n mynd yn ôl i'r fynachlog cyn hir," meddai'r mynach. "Mae croeso ichi ddod gyda mi."

"Yn wir?" gofynnodd un o'r milwyr gan dynnu ei gleddyf o'r wain. "Wyt ti'n disgwyl i ni gerdded yr holl ffordd i'r fynachlog?"

"Fedra i ddim meddwl am ffordd arall."

"Y mae ffordd arall. Rhaid i ti nôl bwyd i ni."

"Ond mae hanner cant ohonoch chi!"

"Rwyt ti'n iawn. Mae un wedi mynd i bysgota. Fe fyddwn ni eisiau ugain o dorthau gwenith, casgen o gwrw a mochyn bychan wedi'i rostio."

"Ond gyfeillion. . ."

Symudodd y milwr ymlaen yn fygythiol gan godi ei arf.

13

"Fe wnaf fy ngorau," meddai'r mynach wedyn gan gamu'n ôl.

Y funud honno, daeth Illtud atyn nhw. Roedd yn waglaw.

"Ches i'r un pysgodyn," meddai.

"Paid â phoeni," meddai un o'r milwyr wrtho, "mae'r bwbach yma'n mynd i nôl bwyd inni. Dos, fwbach!"

Rhedodd y mynach ymaith cyn i Illtud wybod beth oedd yn digwydd.

Yna, dechreuodd un o'r milwyr suddo i'r gors. Ceisiodd gamu i dir sych, ond ni fedrai. Cyn pen dim amser, roedd pob un ond Illtud yn suddo. Prin y medrai hwnnw gredu ei lygaid.

"Gwnewch rywbeth," meddai un o'r milwyr a dechreuodd pob un weiddi am help ar dop ei lais. Ond pan ddaeth y mynach yn ei ôl, gan gario llond sgrepan o fwyd, doedd neb ond Illtud yno.

"Mae'r gors wedi llyncu pob un ohonyn nhw," meddai hwnnw'n syn. "Beth wna i, ŵr da?"

"Dyfrig yw f'enw i. Mae Duw wedi siarad â thi."

"Chlywais i'r un llais," meddai Illtud yn dawel.

"Rho dy gleddyf i mi," atebodd Dyfrig.

Rhoddodd Illtud ei arf iddo.

Heb ddweud gair, dechreuodd Dyfrig gamu oddi wrtho gan dynnu llinell yn y tir â blaen y cleddyf. Cyn hir, roedd yn ôl yn ymyl y milwr.

"Dyna ti," meddai. "Tu mewn i'r cylch yma, rhaid iti godi mynachlog."

"Fedra i ddim. Rwy'n ŵr priod, a rhaid imi fynd at y Brenin Pawl i ddweud beth sy wedi digwydd."

"Paid â gadael i wraig dy rwystro di. Mae brenin mwy na Pawl am dy wasanaeth di. Mae wedi siarad â mi. Dywedodd wrthyf mai yma y byddi di, Illtud, yn adeiladu dy lan. Bydd ysgol ynddi ac fe ddaw mynaich o sawl man i gael eu haddysg ynddi. Bydd un ohonynt yn nawddsant Cymru ryw ddydd. Dewi yw ei enw."

Taflodd Illtud ei gledd i ffwrdd a'i wylio'n suddo i'r gors. Yna aeth adre at Trynihid. Roedd hi wedi paratoi pryd blasus iddo ond ni allai edrych ar fwyd. Ni allai edrych ar ei geffylau, hyd yn oed. Nid oedd am wneud dim ond cilio i'w ystafell wely a meddwl.

Wedi i'r haul fachlud, daeth Trynihid ato. Diosgodd ei dillad gwaith a gorwedd yn ei ymyl. Medrai ei glywed yn anadlu'n anesmwyth ond ni ddywedodd yr un gair. Gwyddai fod rhywbeth mawr ar ei feddwl.

Gyda thoriad gwawr, canodd ceiliog a deffro Trynihid o'i chwsg. Heb ei chyfarch, meddai ei gŵr wrthi, "Dos allan, da thi, i weld a yw'r ceffylau'n iawn."

Dyna falch oedd hi. Mae'n hapus unwaith eto, meddyliodd, ac yn dechrau meddwl am ei anifeiliaid. Doedd y bore ddim yn braf, gwaetha'r modd; y tywydd heulog wedi torri'n storm. Chwipiai'r glaw trwy ddail y coed.

"Fydda i ddim yn hir yn gwisgo," meddai hi wrtho.

"Does dim amser iti wisgo. Dos fel yr wyt ti."

"O leia, gad imi gribo fy ngwallt."

"Dos, wyt ti'n clywed?" A chododd Illtud ei lais.

Doedd ganddi hi ddim dewis ond ufuddhau, o achos gwyddai fod rhywbeth mawr yn ei gorddi.

Disgynnai'r glaw gan chwipio'i gwallt i'w llygaid wrth iddi gyfrif y ceffylau. Roedd yn wlyb at ei chroen wrth iddi ruthro'n ôl i'r caban a'i meddwl ar gynhesrwydd ei gwely.

"Mae popeth yn iawn," meddai, "ond rwy'n wlyb diferu."

"Cymer dy ddillad," meddai Illtud gan eu taflu ati.

"Ond rhaid imi sychu, Illtud."

"Gwisga a dos o ngolwg i. Dwy i ddim am dy weld byth eto!"

"Ond Illtud. . ."

Gwisgodd mor fuan ag y medrai, ei dagrau yn llifo i lawr ei gruddiau.

Gwisgodd Illtud yn fuan yn ei hymyl. Meddai'n dynerach ei lais, "Ffarwél iti, Trynihid. Mae'n rhaid imi fynd."

"I ble'r ei di, Illtud?" gofynnodd. "Gad imi wneud tipyn o frecwast iti."

"Ffarwél."

Heb edrych arni, aeth o'r caban ac i lawr at y ceffylau. Brysiodd heibio iddynt ac anelu at afon Ddawan. Doedd dim yn ei feddwl ond y cylch a dynnodd Dyfrig yng nghroen y ddaear.

"Fe godaf i fynachlog," meddai, "yn union fel y dywedodd Dyfrig. Ond i ddechrau, mae'n rhaid imi ymolchi."

Diosgodd ei ddillad a chamu i'r dŵr. Er mai'r haf oedd hi, roedd afon Ddawan yn boenus o oer gan ei bod yn llifo mor chwim dros y cerrig. Wrth deimlo ias y dŵr ar ei groen, penderfynodd mai'r peth cyntaf a wnâi bob bore o hyn allan fyddai ymolchi yn nŵr y nant.

Ei waith cyntaf oedd codi cell; cell a fyddai'n gysgod iddo. Yna, aeth i gasglu gweithwyr i'w helpu i adeiladu gweddill y fynachlog. Cyn hir, roedd y ffreutur a'r eglwys yn barod ond mynnai Illtud dreulio'i amser yn ei gell pan na fyddai'n gweithio. Câi heddwch yno i weddïo.

Ni châi heddwch yno bob amser.

Un dydd, clywodd sŵn cŵn hela'n udo a dynion yn gweiddi. Cododd ar ei draed ond yr eiliad nesaf roedd ar ei gefn drachefn. Roedd carw bychan wedi neidio i'w freichiau. Yn reddfol, ymaflodd Illtud ynddo.

Daeth gŵr at ddrws y caban ac meddai'n swta, "Gollwng y carw yna'n rhydd."

"Mae wedi cael braw," atebodd Illtud.

"Wyddost ti pwy ydw i?"

"Gwn. Meirchion. Un o frenhinoedd Morgannwg."

"Ie. Fy nhir i ydy hwn. Rwyt ti wedi codi mynachlog arno heb

16

ganiatâd. Nawr rwyt ti'n lladrata carw. Dyna fy swper i.''

"Fe gei di well swper gen i yn y fynachlog.''

"Wel, dwy i ddim wedi cael pryd mewn mynachlog o'r blaen. Oes gen ti win?''

Cig carw, gwenith a gwin coch oedd hoff fwyd Meirchion ond roedd y pryd a gafodd yn y fynachlog yn wahanol. Doedd dim sôn am fara ar y bwrdd. Roedd pysgod wedi eu berwi arno a dŵr o ffynnon gyfagos. Ar ôl y pryd bwyd, cafodd ei arwain i gysgu ar garreg wastad yn yr hundy. Cysgodd yn braf am oriau.

Pan ddeffrôdd, meddai'n syn, "Feddyliais i erioed y byddai pysgod heb halen a dŵr ffynnon yn gwneud pryd mor dda. Fe ges i gwsg wrth fy modd ar y llawr caled. Rhaid imi ddweud wrth fy ngwas, Cyflym, am beidio â chodi unrhyw dreth arnat ti.''

Fe wnaeth Meirchion yn well na'i addewid. Er gwaethaf tymer ddrwg Cyflym, a oedd wrth ei fodd yn casglu trethi, rhoddodd fenthyg nifer o wŷr i gynorthwyo Illtud i godi ei ysgol a chutiau'r anifeiliaid. Ymhell cyn i'r lle gael ei orffen, tyrrai pobl yno i gael eu haddysg. Siaradai pawb am Illtud fel athro da.

Tyfodd tri o'r disgyblion i fod yn bwysig. Un ohonynt oedd gŵr o'r enw Gildas. Gweithiwr caled oedd Gildas. Roedd am ddysgu sut i lunio llythrennau fel y gallai sgrifennu hanes Cymru ryw ddiwrnod. Roedd wrth ei fodd, hefyd, yn gwneud clychau.

Un arall oedd Teilo. Adeiladodd ef fynachlog ar lannau afon Taf.

Y pwysicaf ohonyn nhw i gyd oedd Dewi. Ar ôl gadael Illtud, aeth yr holl ffordd i ben draw Dyfed, i le o'r enw Glynrhosyn. Yno, cododd ei fynachlog. Yn ddiweddarach, fel y dywedodd Dyfrig, daeth yn nawddsant Cymru.

Yn wir, credai Illtud ar adegau nad oedd ganddo'r un gelyn yn y byd. Roedd wedi anghofio, er hynny, am un person, sef Cyflym. Teimlai hwnnw'n ddig fod ei frenin, Meirchion, wedi rhoi hawl i

Illtud adeiladu ei fynachlog heb dalu treth. Bob cyfle a gâi, dywedai hynny wrtho.

O'r diwedd, fedrai Illtud ddim dioddef rhagor.

"Mae'n bosib fod Cyflym yn dweud y gwir," meddyliodd. "Rwy'n cael bywyd braf yma. Rhaid imi adael y fynachlog a mynd i fyw mewn ogof yn rhywle."

Daeth o hyd i ogof ar lan afon Ewenni. Ni fynnai weld neb, na siarad â neb chwaith. Ei unig fwyd oedd gwyniaid, sef pysgod a nofiai yn yr afon.

Clywodd ei wraig, Trynihid, ei fod yn yr ogof.

"Bydd yn unig yno. Bydd yn falch fy ngweld," meddai. "Rwy'n mynd draw ato."

Felly, un prynhawn, gadawodd ei chell a mynd i Ewenni. Gwelodd ei gŵr yn syth. Safai yng nghanol yr afon, yn sbïo ar y cerrig o'i gwmpas. Yn amlwg, roedd am ddal gwyniad i ginio.

"Illtud," meddai.

Er iddo'i chlywed, nid edrychodd y mynach arni. Trodd ei gefn a phlygu yn ymyl carreg.

"Illtud," meddai wedyn. "Fi sy yma. Dy wraig."

Ni chymerodd unrhyw sylw ohoni a gwelodd Trynihid ei bod yn gwastraffu ei hamser ac na fynnai ei gŵr siarad â hi byth eto. Aeth ymaith yn drist.

Eto, denodd un sŵn Illtud allan o'i ogof.

Roedd wedi bod am yn agos at flwyddyn yn y gell ond ni theimlai'n unig am fod Duw gydag ef. Yna, un prynhawn, clywodd dincial cloch; y sŵn mwyaf peraidd a glywsai yn ei fywyd. Daeth i geg yr ogof i weld pwy oedd yno.

Dyn cyffredin a gerddai heibio. Cariai gloch yn ei law gan ei siglo'n ôl ac ymlaen wrth gerdded.

"Ydy'r gloch ar werth?" gofynnodd Illtud.

"Nac ydy. Rwy'n mynd â hi ar daith bell, yr holl ffordd i Lynrhosyn."

"Dyna fynachlog Dewi, hen ddisgybl imi. Pwy sy eisiau cloch yng Nglynrhosyn?"

"Dewi ei hun. Gildas sy wedi gwneud y gloch yn anrheg iddo."

"Gildas? Dyna ddisgybl arall imi. Illtud ydw i. Fe garwn i gael y gloch yna."

"Rwy'n dy adnabod, ŵr Duw, ond rhaid imi wrando ar Gildas a mynd â'r gloch i Dewi."

I ffwrdd â'r teithiwr gan adael Illtud i edrych yn drist ar ei ôl. Gwyddai pa mor dda yr oedd Gildas am wneud cloch ac roedd tinc mor hyfryd ganddi.

Pan ddaeth y teithiwr â'r gloch i Dewi, dywedodd wrtho fod Illtud yn byw mewn ogof ar lan afon Ewenni a'i fod wedi hoffi'r gloch yn fawr.

"Wel, wel, fy hen athro," meddai Dewi. "Os yw ef eisiau'r

gloch, mae'n rhaid iddo'i chael hi. Dos â hi iddo a dweud bod ei hen ddisgybl yn cofio ato."

Roedd Illtud wrth ei fodd pan gafodd y gloch; ac roedd newyddion teithiwr arall hefyd wedi codi ei galon. Roedd Cyflym, gwas y Brenin Meirchion, wedi marw. Gallai ddychwelyd i'w fynachlog ar lannau afon Ddawan.

Tra bu i ffwrdd, roedd yr ysgol wedi tyfu. Erbyn hyn, deuai plant iddi i gael gwersi. Roedd pob ysgubor yn llawn o wenith a châi pob un ddigon o fwyd.

Y noson gyntaf wedi iddo ddod yn ôl, cafodd Illtud freuddwyd. Ynddi, gwelai'r pentref yn Llydaw lle y ganwyd ef. Cerddai pobl o gwmpas ond roedd wyneb pob un yn welw a llwyd.

Trannoeth, aeth at Samson, un o'r mynaich, ac meddai, "Mae fy hen ffrindiau yn Llydaw yn marw o eisiau bwyd. Rwy i am iti lwytho llongau â'r gwenith sbâr. Af innau ag ef draw iddyn nhw."

Dyna a wnaeth. Glaniodd mewn porthladd a gafodd ei enwi'n ddiweddarach yn Aberilltud. Un o'r pethau cyntaf a wnaeth ar ôl cyrraedd oedd gofalu bod eglwys yn cael ei chodi yno; eglwys yn dwyn yr enw Llanilltud. Yna, dechreuodd rannu'r gwenith ymhlith y bobl.

Roedd pob un yn falch ei weld achos gwyddai pobl Llydaw, hyd yn oed, am y fynachlog a'r ysgol enwog ar lannau afon Ddawan.

"Aros gyda ni, Illtud," oedd eu gwahoddiad. "Rydyn ni eisoes wedi enwi llawer o'n heglwysi ar dy ôl di. Fe elli di sefydlu ysgol yma yn Llydaw."

Ni fynnai Illtud dderbyn y gwahoddiad. Roedd yn hen ŵr erbyn hyn a'i ddymuniad oedd marw ar lannau afon Ddawan ym Mro Morgannwg.

Dechreuodd ar ei daith i'r porthladd. Gobeithiai gael llong i'w gludo'n ôl i Gymru'n fuan. Yn wir, roedd yng ngolwg y môr pan ddaeth dau fynach ato. Isanws ac Atocliws oedd eu henwau.

"Ti yw Illtud Sant," medden nhw. "Cawsom freuddwyd amdanat ti neithiwr. Gwyddem y byddet ti yma."

"Roeddwn yn eich disgwyl," atebodd Illtud. "Cefais innau freuddwyd neithiwr. Roeddwn i'n gobeithio cael cwch i'm cludo'n ôl i Gymru ond gwelaf fod Duw'n dymuno'n wahanol."

"Adrodd dy freuddwyd," meddai Isanws.

"Breuddwydiais y byddwn yn marw yma am hanner nos heno ac y byddech chi eich dau gyda mi. Byddwch yn fy ngweld yn cael fy nghodi i'r cymylau ar adenydd angylion. Cyn hir, byddwch chwithau eich dau'n marw."

Tawelodd y tri. Doedd yr un ohonyn nhw'n ofni marw achos gwyddent y byddent yn mynd i'r nefoedd. Eto i gyd, roedd Illtud wedi meddwl cymaint am ddychwelyd i'r llan ar lannau afon Ddawan.

Am hanner nos, fel y proffwydodd, bu Illtud farw. Trannoeth, dywedodd y ddau fynach iddyn nhw'i weld yn cael ei godi i'r awyr gan angylion. Cyn diwedd y mis, yn union fel y dywedodd Illtud, bu Isanws ac Atocliws farw. Roedd y broffwydoliaeth wedi dod yn wir.

Gwyddai pawb, er hynny, na fyddai neb yn anghofio am Illtud. Byddai'r fynachlog a'r ysgol ym Mro Morgannwg yn peri iddyn nhw gofio amdano.

Bob blwyddyn, ar y chweched o Dachwedd, maen nhw'n treulio un diwrnod i gofio.

Hwn yw dydd Sant Illtud.

Illtud

Dôi Cymry ato'n lluoedd, a dôi rhai
O'r tu draw i'r moroedd.
Ysgol wych ei ysgol oedd,
Eithriadol athro ydoedd.

T. Arfon Williams

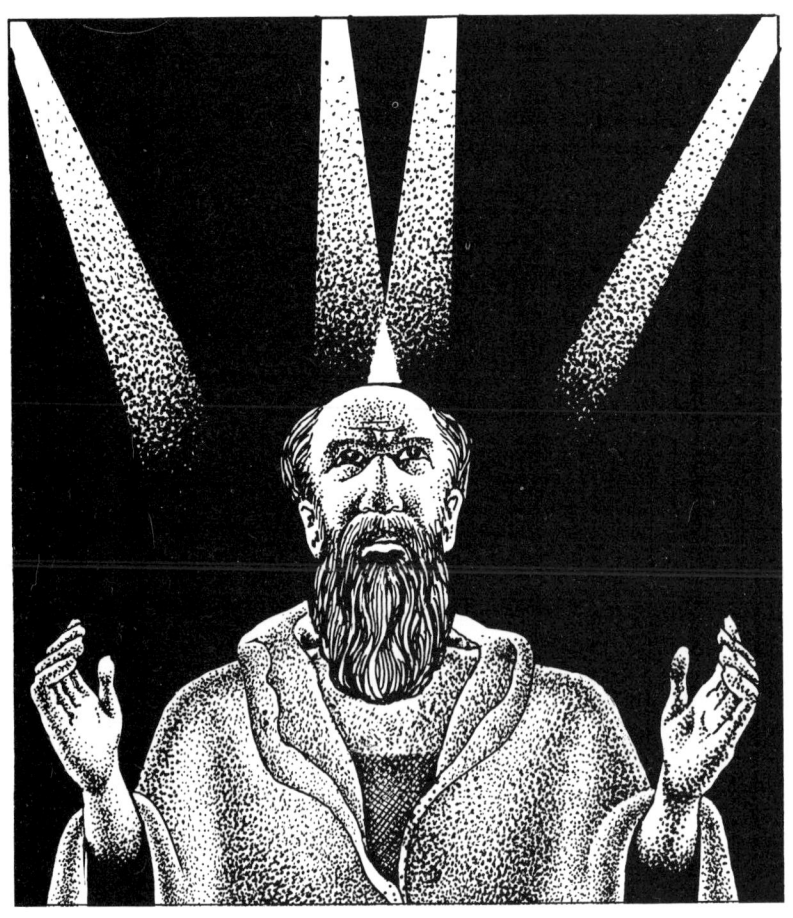

22

Wyddech chi?

I un o ysgolion cyntaf Cymru gael ei sefydlu yn sir De Morgannwg. Ei henw oedd Ysgol Illtud Sant. Cafodd ei sefydlu gan Illtud Sant yn y bumed ganrif. Deuai mynaich a phlant i gael eu haddysg yn yr ysgol hon.

Eglwys Llanilltud Fawr ym Mro Morgannwg

Rhai o hen dribannau'r Fro

Afon Taf

Mae Taf yn afon rwysgus,
Mae Taf yn dra pheryglus,
  Taf a ddygodd fywyd cant,
Mae Taf mewn pant echrydus.

Llandaf

Y mae Llandaf hynafol
Yn ddinas fach esgobol,
  Ond rhaid imi dystio, ar fy ngair,
Mae yno ffair uffernol.

Merched Sain Tathan

Mae merched bach Sain Tathan
Yn ffaelu troi cramwythan
  Heb ofyn cymorth gŵr neu was
I'w thoso ma's o'r ffrimpan.

Caerdydd yn y gwanwyn

Mae'n hyfryd yma heddi
Gan sŵn y gwcw'n canu,
  A blodau hardd fel canol haf
Ar lennydd Taf yn tyfu.

Merched

Mae merched glân yn Nhyllgo'd,
Ac yn Llandaf rai hynod,
  Ac yn y Caera aml rai
Ond yn Nhrelái'r clecïod.

Cafodd un o wŷr enwocaf Cymru ei eni yn sir De Morgannwg, a hynny lawer o flynyddoedd yn ôl. Ei enw oedd Edward Williams, ond roedd yn caru ei sir yn fawr a dymunai i bobl ei alw yn Iolo Morganwg. Dyna fel y mae pawb yn ei adnabod bellach. Yn y stori hon, ceir hanes diddorol ei fam a'i dad yn cyfarfod â'i gilydd. Iolo Morganwg ei hun a awgrymodd y stori.

Y freuddwyd

Caeodd y drws ar y storm, yn falch ei fod wedi cyrraedd adref.

"Edward," meddai ei fam wrtho'n syth, "mae gen i neges iti."

"Hanner munud, Mam, newydd gyrraedd y tŷ ydw i."

Eisteddodd yn ei gadair wrth y tân a dechrau diosg ei esgidiau. Roedd wedi treulio'r dydd yn y gwynt ar do tŷ Ifan Huws ac roedd wedi blino'n lân.

"Neges yr holl ffordd o Drebefered," oedd ateb ei fam.

Gwyddai Edward yn dda am Drebefered. Plasty yn Llan-faes oedd e, plasty'n llawn o bobl fonheddig, pobl yn siarad Saesneg.

"Y munud yma, Mam, dwy i ddim am wrando ar yr un neges. Ydy'r swper yn barod?"

"Fedri di ddim arogli'r cawl yn y crochan, fachgen? Rown i'n dy ddisgwyl di adre ers amser."

"Mae to Ifan Huws yn yfflon; y storm wedi gwneud llanast mawr. Rhaid i fi fynd draw eto fory."

Cymerodd ei fam fowlen bren o'r ford a dod at y tân. Cododd glawr y crochan a syllu ar y cawl yn ffrwtian. Yna, cymerodd letwad a'i llenwi.

"Fe fyddi di'n gynnes ar ôl bwyta hwn," meddai, "ond ei di ddim i Lancarfan fory."

"Mae'n rhaid i fi, Mam. Fe all Ifan Huws gyfri sêr wrth orwedd yn ei wely."

"Dwy'n amau dim," meddai ei fam wedyn.

"Mae'n dal i chwythu'n gryf. Wn i ddim sawl lle sy wedi diodde. Fe fydd gen i ddigon o waith am fis o leia."

"Mae'r storm wedi chwythu rhyw wal i lawr yn Nhrebefered. Mae'r neges am iti fynd draw ar unwaith."

Dechreuodd Edward Williams yfed ei gawl. Roedd ei fam yn well na neb yn Silstwn am wneud cawl. Cawl bras a digon o gig ynddo.

"Fedra i ddim gadael Ifan Huws. . ." dechreuodd.

Torrodd ei fam ar ei draws. "Does dim dewis gen ti, Edward. Trebefered yw tŷ pwysica'r cylch. Cartre pobl fonheddig. Fe ges i freuddwyd un tro y byddet ti'n priodi merch fonheddig."

"Er mwyn popeth, Mam," meddai Edward gan chwerthin.

"Maen nhw wedi gofyn iti drwsio wal. Fedri di ddim gwrthod pobl fonheddig."

Yfodd Edward ei gawl am ychydig heb ddweud yr un gair. Gwrandawodd ar y gwynt yn ubain yn nhwll y clo. Gwyddai fod ei fam yn dweud y gwir. Os oedd pobl Trebefered wedi galw arno, doedd wiw iddo wrthod. Byddai'n rhaid i Ifan Huws, druan, barhau i edrych ar y sêr drwy'r tyllau yn y to.

"Bydd yn gas gen i fynd yn agos i'r lle," meddai.

"Pam?"

"Dim ond y morynion sy'n medru siarad Cymraeg yno. Fedra i ddim siarad Saesneg."

"Does dim rhaid iti siarad â wal," meddai ei fam gan chwerthin. "Wyt ti am ragor o gawl?"

Eisteddodd Edward yn ôl yn ei gadair, gan syllu'n syth i'r fflamau. Gobeithiai na fyddai pob morwyn wedi mynd i'r farchnad yn y Bont-faen.

Trannoeth, roedd y gwynt wedi gostegu a'r haul yn gwenu dros y Fro. Roedd yn anodd credu mai mis Tachwedd oedd hi wrth i

27

Edward gerdded at ddrws cefn y plas. Rhywfodd, gobeithiai nad oedd neb yn y tŷ wrth iddo guro'r drws.

Ni chlywodd ddim am sbel. Yna, daeth sŵn traed yn dynesu o rywle i agor iddo. Safai gwraig ifanc o'i flaen. Edrychai fel pe bai tua deg ar hugain oed. Roedd golwg welw arni. Dechreuodd besychu'n ysgafn wrth edrych arno.

"Bore da," meddai Edward. "Fi ydy'r – saer maen. Wedi dod i – drwsio'r wal."

Edrychodd y ferch yn bryderus arno. Yn amlwg, doedd hi ddim wedi ei ddeall. Rhoddodd gynnig arall arni.

"Edward Williams ydw i. Saer maen. Oes wal wedi cwympo?"

Gosododd ei fag ar lawr a'i agor i ddangos cynion a morthwyl ac offer arall saer maen.

"O," meddai hi, fel pe bai'n deall o'r diwedd. "Dewch yma."

Aeth allan i'r cwrt bychan a cherdded yn gyflym gydag ochr y llwyni coed. Wrth ei dilyn, ceisiai Edward ddyfalu pwy oedd hi. Doedd hi ddim yn edrych fel morwyn, ac eto, fyddai pobl fonheddig Trebefered byth yn agor drws y cefn i neb. Gwaith morynion oedd agor drysau ond doedd yr un forwyn i'w gweld yn unman.

Gwelodd fod ei fam wedi dweud y gwir. Doedd dim angen Saesneg arno. Roedd darn o wal y berllan wedi syrthio a'r drws yn hongian ar dro wrth ei golyn. Gallai fod wedi aros am rai dyddiau'n iawn, iddo orffen trwsio to cartre Ifan Huws, druan. Perllan Trebefered oedd hi er hynny, er nad oedd yr un afal ar goeden yn Nhachwedd.

"Dyma'r – wal," meddai hi, gan wenu arno. Roedd yn gwneud ei gorau i ddweud rhai geiriau yn yr iaith Gymraeg.

Doedd Edward ddim wedi disgwyl iddi wenu. Wrth wenu, edrychai'n iau o lawer. Edrychai'n hardd, meddyliodd.

Byddai'n dda ganddo gael gwybod pwy oedd hi ac o ble y deuai.

Byddai'n dda ganddo pe gwyddai fwy o eiriau Saesneg.

"Diolch yn fawr," atebodd gan wenu'n ôl.

Rhoddodd ei fag i lawr am yr ail waith a chymryd ei forthwyl ohono. Dechreuodd ymosod ar y cerrig, i ddangos iddi ei fod am gychwyn ar ei dasg heb wastraffu dim amser.

Safai hi yno o hyd, yn ei wylio'n bwrw'r cerrig rhydd i'r ddaear, un ar ôl y llall. Gan esgus na wyddai ei bod yno, dechreuodd Edward weithio'n gyflymach nag arfer. Roedd yn gas ganddo wneud dim os oedd rhywun yn edrych arno, yn enwedig ferched dieithr.

Trwy lwc, aeth hi i'r tŷ ymhen tipyn a gadael llonydd iddo. Gwenodd yntau wrth drin y cerrig. Gallai ddeall cerrig yn iawn. Gallai siarad â nhw, bron, wrth eu trin a'u naddu. Teimlai nawr ac yn y man fel pe bai'r cerrig yn ceisio dweud rhywbeth wrtho wrth iddo'u gosod yn gelfydd ar bennau ei gilydd.

Ar ôl awr o weithio, cymerodd hoe. Eisteddodd ar bentwr o gerrig a sbïo o gwmpas y berllan. Roedd yr ailadeiladu'n dod yn ei flaen yn dda. Gyda lwc, gallai orffen cyn iddi nosi.

Greddf a dim arall a barodd iddo edrych tuag at un o'r ffenestri. Fe'i gwelodd hi yn sbïo arno cyn iddi guddio'n chwim y tu ôl i'r llenni. Yr hen sguthan fach, roedd hi'n ei wylio'n gweithio, yn gofalu ei fod yn gwneud popeth yn iawn. Yn amlwg, doedd neb ond hi o gwmpas. Roedd diwrnod marchnad y Bont-faen bob amser yn boblogaidd.

Ni fedrai feddwl am gymryd rhagor o hoe a hithau'n syllu arno. Cododd a dechrau dewis rhai o'r cerrig trymaf ar gyfer cornel. Roedd eisiau rhai sgwâr, wedi eu naddu'n barod. Gallai adeiladu'n solet ar gerrig trwm.

Bob hyn a hyn, edrychai i gyfeiriad y ffenest. Er na fedrai ei gweld, gwyddai ei bod yno o hyd, yn cadw i'r cysgodion ond yn syllu arno. Pe bai'n gallu deall Cymraeg, âi ati a dweud wrthi am fynd i'r parlwr, o'r ffordd. Ni fedrai gofio am neb o'r blaen a ddaeth i sbïo arno'n gweithio. Gwyddai pawb mai ef oedd saer maen gorau'r Fro ac nad oedd angen cadw llygad arno. A dyma'r eneth welw yma'n mynnu syllu a syllu.

Roedd yn anniddig hollol wrth droi i chwilio am y cerrig gorau. Oni bai ei fod yn cadw llygad ar y ffenest, byddai wedi edrych ble'r oedd yn rhoi ei ddwylo. Heb yn wybod iddo, dechreuodd pentwr o feini symud. Fel pe bai'n gwneud hynny'n fwriadol, disgynnodd un o'r cerrig mwyaf i ben ei fawd gan ei wasgu'n greulon.

Tynnodd Edward anadl sydyn. Saethodd poen trwy ei fraich wrth iddo dynnu ei fys yn ôl. Rhegodd dan ei ddannedd. Roedd y gwaed yn dechrau llifo o'r briw'n barod a doedd ganddo na hances boced na dim.

Ni chofiai erioed o'r blaen iddo fod mor esgeulus ac ar y fenyw yna'r oedd y bai. Nawr, ni wyddai beth i'w wneud. Pe bai hyn wedi digwydd yn nhŷ Ifan Huws, gallai ofyn am ychydig o ddŵr i olchi'r briw. Ni allai wneud hynny yn Nhrebefered ac ni allai fynd ymlaen â'i waith gan fod ei fys yn rhy boenus. Eisteddodd ar garreg gan wasgu ei law rhwng ei goesau. Gwasgodd ei ddannedd yn erbyn ei gilydd gan fod hyn yn lladd y poen.

"Rych chi − wedi − brifo."

Y fenyw yna eto. A doedd e ddim wedi ei chlywed yn dod!

"Ydw, Miss. Carreg."

Heb ddweud dim, estynnodd hi ei llaw. Doedd Edward ddim yn hoffi rhoi ei law front, galed, yn ei llaw wen hi.

"Baw," meddai. "Gwaed."

Fel pe na bai'n ei glywed, cymerodd hi ei law rhwng ei bysedd ac edrych ar y clwyf.

"Dewch − gyda − mi," meddai.

Arweiniodd y ffordd i'r gegin fawr. Doedd Edward erioed yn ei fywyd wedi gweld cegin mor fawr.

"Ble mae'r forwyn?" meddai.

"Does neb yma. Mae pawb yn − y Bont-faen."

Teimlai Edward gywilydd yn tonni drosto. Gwyddai hi'n iawn na fedrai siarad Saesneg ac roedd yn gwneud ei gorau glas i siarad Cymraeg.

Cymerodd hi fowlen a rhoi ychydig o ddŵr oer ynddi. Yna, aeth at y lle tân a rhoi dŵr poeth o'r tegell ar ei ben. Wedyn, penliniodd o'i flaen ar ôl ei gyfeirio at gadair.

Rhywsut, gwyddai na fedrai wrthod. Rhywsut, hefyd, roedd am wybod ei henw.

"Edward Williams," meddai gan roi ei fys ar ei fynwes. "Chi?"

Crychodd ei thalcen am ychydig. Yna, gwenodd gan ateb, "Ann. Ann Mathews."

Teimlodd y saer maen ei galon yn troi yn ei fynwes.

"Y ffŵl dwl," meddai wrtho'i hun. "Fedri di ddim syrthio mewn cariad â merch fonheddig."

Roedd ei bysedd mor dyner wrth iddi ddirwyn y cadach gwlyb, cynnes dros y clwyf. "Brifo?" gofynnodd wrth iddi ei lanhau.

"Ydy," atebodd, "ond mae'n well."

Gwenodd Ann Mathews eto. Roedd yn deall. "Mae rhaid imi – ddysgu – siarad – Cymraeg," meddai.

"Mae rhaid imi siarad Saesneg," meddyliodd Edward. Gwyddai rywbeth arall, hefyd. Gwyddai y byddai rhaid iddo dynnu rhagor o'r wal i lawr ar ôl i'w fys wella. Roedd yn rhaid iddo ymestyn y gwaith! Doedd e ddim am frysio gyda merch mor annwyl ag Ann Mathews o gwmpas.

Roedd yn wanwyn yn y Fro cyn i Edward ofyn cwestiwn pwysig iddi. Fe orffennodd y wal ar ôl wythnos, ond rywsut roedd gwaith iddo o hyd yn Nhrebefered. Angen llechi newydd ar y to; angen trwsio coes bord; angen gwydro ffenestri.

Dyna lwc ei fod yn gallu troi ei law at bopeth. Nawr, gallai hyd yn oed ddysgu Cymraeg i Ann Mathews. Roedd hi'n ddisgybl da a gallai ddweud sawl brawddeg ar ôl ei gilydd yn hawdd.

"Mae'n dda gen i fod yn Llan-faes yn y gwanwyn, Edward," meddai wrtho wrth eistedd yn ei ymyl ar fin y llwyn ar lan afon Eiddon. "Wyt ti'n hoffi gwrando ar adar yn canu?"

Ni chofiai Edward iddo erioed wrando ar adar yn canu. Y flwyddyn hon, er hynny, roedd y gwanwyn yn rhyfeddol o dlws. Yn wir, roedd hyd yn oed y blodau'n edrych yn fwy lliwgar nag arfer. Rhaid ei fod mewn cariad.

"Ydw," meddai, "ond mae'n well gwrando ar gân yr adar mewn cwmni da."

"Wyt ti'n hoffi gwrando ar gân yr adar yng nghwmni Ann Mathews?"

"Ydw, er na wn i ddim llawer amdanat ti o hyd, Ann. Anaml y bydda i'n siarad â merched bonheddig."

"Mewn ffordd, dydw i ddim yn ferch fonheddig, a does dim llawer i'w wybod. Merch fonheddig dlawd. Rwy'n cael cartre gyda pherthnasau yn Nhrebefered, dyna i gyd. Rwy'n medru gwneud llawer o bethau fel merch fonheddig. Rwy'n medru gwnïo, siarad Ffrangeg a Saesneg a brodio. . ."

"A thrin clwyfau crefftwyr," meddai Edward yn chwareus.

"Na, na, dyw crefftwyr ddim yn bwrw'u bysedd yn erbyn cerrig," atebodd hi gan chwerthin. Yna'n fwy difrifol, "Does gen i ddim llawer o arian, Edward. A bod yn onest, does gen i ddim cartre chwaith."

"Fe gei di gartre gyda mi," meddai Edward yn sydyn. "Mae pawb ond ti'n fy ngalw i'n grefftwr. Saer maen a choed, töwr, tyrniwr, gwneud cerrig beddau. Rwy'n methu siarad Saesneg, ond mae gen i fam dda am wneud cawl – a bwthyn ym Mhennon."

"Wyt ti'n gofyn i mi dy briodi di, Edward Williams?"

Dywedodd y frawddeg mewn ffordd mor od, nes y teimlai Edward fel dianc. Gallai siarad yn iawn â merched eraill y Fro. Rhywsut, roedd ar goll gydag Ann Mathews.

"Na, na, dim ond tynnu coes own i."

"Piti."

Neidiodd calon Edward yn ei fynwes. Doedd ond un ystyr i'r gair yna.

"O'r gorau, te, Ann Mathews, wnei di mhriodi i?"

"Rwyt ti'n cymryd cymaint o amser i ofyn cwestiynau pwysig, Edward, ag rwyt ti i godi wal."

"Arnat ti y mae'r bai, Ann."

"Rwyt ti fel y dynion i gyd," atebodd yn gellweirus. "Fe garwn i briodi yn eglwys Sain Tathan, fis Tachwedd nesaf."

"Ond does neb yn priodi yn Nhachwedd. Hen fis diflas. Niwl. Gwynt."

"Ond dyna'r mis y cwrddais i â'r saer maen yna o Bennon. Dyna fis gorau'r flwyddyn, Edward Williams."

Chwarddodd y ddau a chanodd yr adar ar lannau'r nant yn well nag erioed.

Chwerthin roedden nhw yn Nhachwedd hefyd, wrth ddod allan o eglwys Sain Tathan a'r gloch yn tincial uwch eu pennau − y gloch a ganai i gyhoeddi eu priodas nhw, Edward Williams o Silstwn ac Ann Mathews o Drebefered. Er bod y tywydd yn oer, gwyddent y byddai tân cynnes yn eu haros ar yr aelwyd ym Mhennon ac y byddai cawl yn ffrwtian mewn crochan ar y tân. Roedd gan y gloch reswm da dros ganu.

Aeth amser heibio cyn i'r bachgen cyntaf gael ei eni; amser yn llawn o fisoedd dedwydd. Ar ôl i'r baban gael ei eni, roedd y briodas yn hapusach fyth. Edrychai hwnnw mor fwyn a diniwed, yn cysgu yn ei grud wrth y tân.

"Fe fydd yn rhaid cael enw arno," meddai Edward wrth ei wraig gan syllu arno'n cysgu.

"Hawdd," meddai hi. "Yr un enw â'i dad, wrth gwrs − Edward. Edward Williams. Gobeithio y bydd yn saer maen, yn grefftwr fel ti."

"A gobeithio y bydd yn siarad sawl iaith ac yn barddoni fel ti."

"Wn i ddim, ond fe ges i freuddwyd od neithiwr," atebodd ei wraig.

"Breuddwyd hapus?"

"Am wn i, ie. Roedd y bachgen wedi tyfu. Roedd e'n chwarae yn y gweithdy, neu dyna'r oeddwn i'n ei feddwl. Es i allan, a dyna ble'r oedd e'n darllen y llythrennau ar y garreg fedd yna."

"Carreg fedd Ifan Jones."

"Ie. Roedd e'n dysgu darllen ac yn dweud y geiriau, hefyd."

"Breuddwyd od, ond mae'n ffordd dda o ddysgu darllen."

"Nid dyna'r cyfan, Edward. Fe ofynnais iddo fe ddod i'n tŷ, a dyma fe'n troi ata i a dweud, 'Nid Edward fydda i ar ôl i fi dyfu'n fawr. Iolo. Iolo Morganwg.'"

"Iolo Morganwg, dyna enw od," meddai Edward.

"Na. Dydy e ddim yn od. Roedd bardd yn byw yn y Fro yma amser maith yn ôl – pan oedd Caerdydd yn bentre. Dyna oedd ei enw fe. Iolo Morganwg."

"Twt, Ann fach, rwyt ti'n breuddwydio gormod. Os bydd Edward yn breuddwydio fel ti, dyn a'i helpo."

"Iolo Morganwg. Fe ges i gip arno wedyn, weldi, yn sefyll mewn cylch o gerrig, ond fedrwn i ddim deall hynny."

"All neb ddeall breuddwydion, Ann fach. Edrych, mae'r cawl yn barod. Gad inni gael tipyn o swper. Does dim llawer o'i le ar fabi sy'n hoffi cawl."

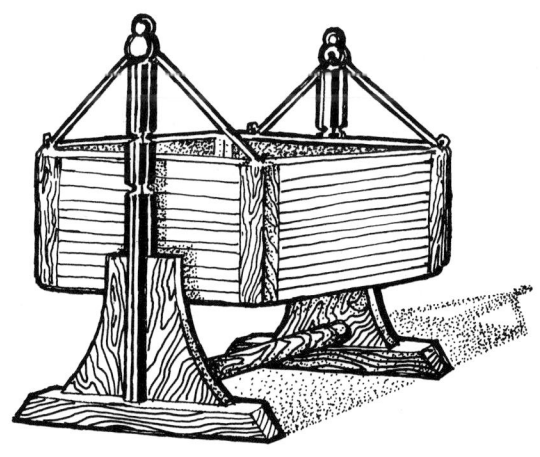

Yn y Fro, mae un o sefydliadau cenedlaethol enwocaf Cymru, sef
Amgueddfa Werin Sain Ffagan. Daw miloedd o bobl o sawl rhan o'r
byd yno bob blwyddyn — i weld y gorffennol.

Yr Amgueddfa Werin

Yma
a welwch chwi y gorffennol yn gorffwys
yn y tolldy, y bwthyn a'r capel
ac yn barod i ddweud ei stori?

Rhwng pedair wal y tolldy hy
mae'r pryder o gyfnod Beca
i'w deimlo'n pwyso'n drwm
ar offer y ceidwad.

Ym mwthyn Llainfadyn
aroglwch y swper chwarel
a gododd galon y chwarelwr blinedig
ar ôl diwrnod gwlyb
yn chwarel y Cilgwyn.

Mae'r Crist wedi dweud
"Myfi yw Bara'r bywyd"
ac yng nghapel Pen-rhiw
fel yr hen aelodau gynt
blaswch Ei idiomau,
Ei ddywediadau, Ei ddamhegion a'i stori.

Oedwch ennyd
wrth ddrws y tolldy, y bwthyn a'r capel
i glustfeinio ar ddoe
yn adrodd ei stori.

Dafydd Islwyn

Bro Morgannwg

(Tribannau)

Mae'r gwyll yng nghoed Sain Ffagan
A'r sêr uwchben Llancarfan,
  Ond harddach fyth ar noson oer
Yw'r lloer uwch Aberddawan.

Mae yma fröydd addfwyn,
Gwenfô, Llan-faes, Tregolwyn,
  Ond does dim treflan yn y byd
Mor hyfryd â Phendeulwyn.

Mae hedd yn Eglwys Brewys
I bawb sy'n drwm, ofidus,
  Ac i'r rhai sy'n teimlo'n flin
Mae rhin yn Ninas Powys.

O Saint-y-brid yn gynnar
Aeth llwynog dros y dalar;
  Fe'i daliwyd gan y cŵn a'u gwŷr
Rhwng Radur a Rhydlafar.

Ar fryniau ger Llanharan
Mae'r rugiar fach yn hedfan;
    Mae'r ffesant lliwgar yn Llandŵ
A'r gwcw yn Llanfleiddan.

Pan fydd yn dywydd garw,
A'r melys yn troi'n chwerw,
    Mae capel lle caf win i'm co –
Bethesda'r Fro yw hwnnw.

Mi af yn bell o'm hendre
I lawer llan a phentre,
    Ond dof yn ôl o ben draw'r byd
I hud Llanilltud Faerdre.

Y Wig, Pen-marc, Tregatwg,
Llandoche a Llandudwg –
    Mae rhiniol swyn i mi bob tro
Yn enwau Bro Morgannwg.

W. Rhys Nicholas

Wyddech chi?

Fod ysbyty mwyaf Cymru yn sir De Morgannwg. Mae'r ysbyty hwn yn un o'r ysbytai mwyaf yn Ewrop ac ynddo wyth gant a rhagor o welyau.

Daw cleifion o sawl rhan o Gymru i'r ysbyty hwn i gael triniaeth. Yn ei ymyl y mae Ysbyty Deintyddol.

Ysbyty'r Brifysgol, Caerdydd

Prif dre'r Fro yw'r Bont-faen. Heddiw, mae'n dref fodern, brysur.
Ers llawer dydd, un o bobl bwysica'r Fro oedd Sgweier Morgan. Pan
gymerwyd ef yn wael un diwrnod, digwyddodd rhywbeth od iawn.

Ewyllys Sgweier Morgan

Amser maith yn ôl, roedd gŵr o'r enw Sgweier Morgan yn byw
mewn plasty heb fod nepell o'r Bont-faen. Roedd ganddo lawer o
dir ac eiddo yn y dre a'r wlad o gwmpas ond nid oedd ganddo
wraig. Roedd yn ddigon braf ei fyd. Gofalai ei ddwy chwaer, Siw a
Nel ar ei ôl a doedd e byth eisiau dim. Yn wir, dywedai pawb nad
oedd neb yn y Fro'n hapusach na Sgweier Morgan. Treuliai ei
amser yn hela a physgota ac yn ymweld â'i gyfeillion. Roedd gan
bawb air da iddo.

Gan eu bod yn cael amser mor ddymunol gydag e, doedd Siw a
Nel chwaith ddim wedi meddwl am briodi.

Dim ond un bai fu ar y sgweier erioed. Doedd e byth yn
meddwl am yfory. Dywedai'r un frawddeg dro a thro, "Na
ofalwch am yfory."

Am flynyddoedd, roedd y ddwy chwaer yn barod i gytuno ag e.
Doedden nhw ddim eisiau meddwl am yfory gan fod heddiw mor
hapus.

Yna, cymerwyd y sgweier yn wael yn sydyn. Roedd wedi
gwlychu at ei groen wrth bysgota a heb newid ei ddillad cyn mynd
i'w hoff dafarn yn y Bont-faen. Aeth ei annwyd trwm yn
niwmonia a dywedodd y meddyg Huws wrtho, "Roeddet ti'n
ffŵl, Sgweier Morgan. Mae pobol yn marw mewn dillad gwlyb,
cofia."

Ddysgodd y sgweier mo'r wers ond dyma'r ddwy chwaer yn
sylweddoli beth allai ddigwydd. Roedden nhw'u tri'n dechrau
mynd yn hen. Roedd Morgan yn dal annwyd yn amlach na chynt

ac yn treulio llai o'i amser yn hela ac yn pysgota.

A doedd e ddim wedi gwneud ei ewyllys.

Meddai Siw, wrth baratoi brecwast un bore, "Wyddost ti beth fydd yn digwydd i ni, Nel, os bydd Morgan yn marw heb wneud ewyllys?"

"Rwy'n ofni meddwl am y peth," oedd ateb Nel.

"Rwy i wedi bod yn siarad â Lewis y cyfreithiwr. Fe fydd popeth yn mynd i Jac."

Mab i'w chwaer oedd Jac. Roedden nhw wedi cweryla â'u chwaer ers blynyddoedd ac roedd hithau wedi gadael y cartre a mynd i fyw i Gaerdydd. Deuai Jac draw nawr ac yn y man i weld ei ewythr ond ni châi fawr o groeso gan y ddwy wraig.

"Fe fyddai hynny'n ofnadwy," meddai Nel. "Dwy i ddim wedi gweld Jac ers amser."

"Rwy'n gwybod. Ond fe all ein troi allan o'r cartre a'n gadael heb ddim. Mae'n rhaid i Morgan wneud ei ewyllys."

"Rydyn ni wedi gofyn a gofyn," meddai Nel.

"Gwrando," oedd ateb ei chwaer. "Mae'n cael ei ben-blwydd yfory, fel y gwyddost. Fe wahoddwn ni Lewis y cyfreithiwr draw am dipyn o swper. Digon o frandi a thybaco a bydd mewn hwyliau da."

"Rwyt ti'n iawn," meddai Nel. "Ond wyt ti'n meddwl y gallwn ni aros tan yfory? Roedd golwg lwydaidd arno neithiwr."

"Dos di â'r brecwast iddo fe ac fe af i nôl John. Caiff fynd â gwahoddiad i Lewis ar unwaith. Beth yw'r ddihareb? Taro'r haearn tra byddo'n boeth!"

Ond pan aeth Nel i fyny i'r llofft, gwelodd nad oedd pethau'n iawn o bell ffordd. Gorweddai ei brawd ar wastad ei gefn a'i geg ar agor, yn ymladd am ei anadl. Roedd ei wyneb yn goch. Doedd yr un eiliad i'w cholli.

"Dos i nôl y meddyg," meddai'n floesg pan welodd Nel.

Doedd dim rhaid iddo ddweud ddwywaith. Brysiodd honno i lawr y grisiau ac meddai, "Mae Morgan wedi ei daro'n wael. Gwell i John fynd i'r Bont-faen i nôl y meddyg Huws."

"Nefoedd yr adar," meddai Siw, "gall farw cyn gwneud ewyllys a byddwn ar y clwt."

Erbyn hyn, roedd John, yr hen was ffyddlon, yn y gegin. Meddai Siw, gan droi ato, "Rwyt ti wedi clywed stori Nel. Dos i nôl y meddyg a brysia, da thi."

Roedd hanner gair yn ddigon i John. Gwyddai yntau, hefyd, am eiriau enwog ei feistr, "Na ofalwch am yfory." Gwyddai nad oedd wedi cael ei gyflog ers mis ac y byddai yntau, hefyd, ar y clwt, pe bai Jac yn dod i esgidiau'r sgweier.

Dewisodd y march cyflymaf a'i ffrwyno. Eiliadau'n ddiweddarach, marchogai'n gyflym i gyfeiriad y dre, gan obeithio y byddai mewn pryd.

Curodd yn drwm ar ddrws tŷ'r meddyg ond roedd gan wraig hwnnw newyddion drwg iddo.

"Rhy hwyr, John bach, mae'r meddyg wedi cael ei alw i Langan. Mae'n mynd i Ben-y-bont wedyn ac yna i Lantrisant. Fydd e ddim yn ôl nes i'r haul fachlud."

Wyddai John ddim beth i'w wneud. Penderfynodd mai'r peth gorau fyddai dychwelyd at y ddwy chwaer i adrodd ei stori.

Pan ddychwelodd, roedd y rheiny'n wylo.

"Mae'n waeth o lawer erbyn hyn, John," meddai Siw. "Bydd heno'n rhy hwyr. Cystal iti fynd i weld Lewis y cyfreithiwr. Dywed wrtho am ddod draw yma ar unwaith."

Roedd y march wedi blino erbyn hyn; felly, aeth John i'r stabl i nôl march arall. Gyrrodd yn ôl i'r Bont-faen, gan obeithio y byddai'r hen gyfreithiwr gartre.

Mewn ffordd, roedd yn lwcus. Gwaetha'r modd, er hynny, roedd gan hwnnw stori hir i'w hadrodd.

"Mae'n rhaid imi orffen gyda'r holl bapurau yma cyn i'r Goets Fawr gyrraedd," meddai. "Mae dyn o Lundain ar y goets yn aros amdanyn nhw."

Roedd Lewis mewn oedran erbyn hyn ac ni allai weld yn dda. Craffodd ar y papurau ac meddai wedyn, "Gwell iti fynd i'r gegin i nôl rhywbeth i'w fwyta cyn mynd yn ôl. Mae golwg wedi blino arnat ti."

Roedd croeso bob amser yng nghartref Lewis y cyfreithiwr a chofiodd John ei fod wedi gadael y tŷ cyn brecwast. Roedd yn awr yn tynnu at ganol dydd. Gwyddai na fedrai helpu dim wrth frysio'n ôl.

Cafodd blatiaid o gig mochyn a bara gwenith a siwg o gwrw wrth danllwyth o dân. Ond dal i ysgrifennu a wnâi'r cyfreithiwr, a'i drwyn bron â chyffwrdd â'r papur. Doedd dim diben i John aros amdano. Gwyddai y deuai draw mor fuan ag y medrai.

Roedd yn hwyr yn y prynhawn pan gyrhaeddodd y stabl am yr ail waith. Aeth i'r tŷ i glywed y ddwy chwaer yn wylo'n uwch nag erioed.

"Ydy Lewis gyda thi?" gofynnodd Siw.

"Bydd yma'n union y bydd wedi gorffen rhyw bapurau erbyn y Goets Fawr. Mae'n brysur tu hwnt."

Brysiodd y tri i'r llofft. Erbyn hyn, roedd y sgweier yn anymwybodol. Gorweddai'n llonydd gan edrych tua'r nenfwd. Prin y gellid ei glywed yn anadlu.

"Fe gollwn ni'r cwbwl," meddai Siw wrth edrych arno.

"Y llestri arian a'r dodrefn a'r tir," meddai Nel.

"Fe fyddaf innau heb waith," meddai John yn drist.

Tynnodd y sgweier anadl hir cyn i dawelwch ddisgyn dros y stafell. Doedd dim angen i un o'r tri ddweud gair pellach. Aeth Siw at y gwely a thynnu'r dillad dros wyneb ei brawd. Roedd yfory wedi cyrraedd − ar ryw olwg.

Dechreuodd Nel wylo'n uwch nag erioed ond meddai Siw'n chwyrn, "Nid amser i wylo ydy hi, Nel, ond amser i feddwl. Beth wnawn ni?"

"Does dim y gallwn ni ei wneud," meddai Nel. "Mae Morgan mor farw â hoelen."

"Wyt ti'n cofio'r llanc hwnnw oedd yn chwarae gydag e pan oedden nhw'n blant?" gofynnodd Siw.

"Ydw. Jacob Harding y crydd. Roedden nhw'n debyg iawn i'w gilydd, ond bod Morgan yn dewach."

"Jacob Harding. Crydd yn y Bont-faen. Fe gaiff e helpu."

"Sut y gall Jacob helpu?" gofynnodd Nel.

"Fe wyddost na all Lewis weld yn dda. Fe welais i Jacob y dydd o'r blaen. Dyw Morgan ddim yn dewach nag e erbyn hyn. Mae'r ddau'n gwisgo barf a thua'r un oed."

"Beth sy'n dy feddwl di?" gofynnodd Nel.

"Fe godwn ni wely yn y stafell gefn, yn ddigon pell o'r ffenest. Mae'n dywyll yn y gornel."

"Gwely i bwy?" gofynnodd John.

"Rydych chi'ch dau'n dwp," atebodd Siw'n swta. "Fe awn ni draw i'r Bont-faen i ofyn i Jacob gymryd lle Morgan am heno. Gall fynd i'r gwely, gwisgo'r cap nos a thynnu'r dillad at ei ên. Pan ddaw Lewis draw, gall gael ei ford ar ganol y llawr. Fydd neb ddim callach."

"Ond wnaiff Jacob hynny, meistres?" gofynnodd John.

"Faint o blant sy ganddo fe?" gofynnodd Siw.

"Dau fab a merch."

"Ie, ac maen nhw'n byw mewn tŷ bach ac yn talu rhent i ni am dir. Os cynigiwn ni'r tŷ a'r tir iddo fe'n ddi-rent am weddill ei fywyd, fe fydd wrth ei fodd."

"Mae'n bosib," meddai Nel, "ond. . ."

"Sdim amser i sôn am broblemau. Gall ychwanegu at y tŷ a

chael bywyd gwell. Tyrd."

Ac i ffwrdd â nhw yn y trap a phoni i'r Bont-faen.

Crydd oedd Jacob Harding, fel y dywedodd Siw. Roedd ganddo dŷ bach, fel y dywedodd Siw, ond buasai'n hoffi cael tŷ mwy. Roedd ganddo ychydig o dir, fel y dywedodd Siw, ond buasai'n hoffi cael mwy. Yn union wedi i'r merched ei weld, gwyddent y byddai'r cynllun yn llwyddo. Roedd e'n edrych mor debyg i'w brawd.

Ar ôl i Siw ddweud ei stori, meddai'r crydd, "Wel, wel, rown i'n ffrindiau mawr gyda'r sgweier slawer dydd. Rown i'n arfer chwarae gydag e. Bydd yn golled fawr ar ei ôl."

"Ond ŷch chi'n barod i helpu, Jacob?" gofynnodd Siw.

"Rwy'n cofio un o'i frawddegau'r munud yma. 'Na ofalwch am yfory.' Ie, dyna hi."

"Rydyn ni'n talu am hynny," meddai Nel. "Beth yw'r ateb?"

"Wn i ddim. Twyllo. Gall fod yn beryglus."

"Byddwn ni'n talu, cofia," meddai Siw.

"Wel?"

"Fe gei dy dŷ a'r tir yn ddi-rent am oes. Be feddyli di am hynny?"

"Roeddwn i'n meddwl am dŷ mwy."

"Mae gen ti ddau fab. Gall rheiny dy helpu di i ychwanegu at y tŷ."

"A mwy o dir."

"Drwy arbed rhent, gelli brynu mwy o dir."

"Rwy'n gweld," meddai Jacob gan edrych ar yr esgid ar ei arffed. Meddyliodd am y maes eang ger y bont, y llain wastad wrth yr eglwys a'r tir âr ger y berllan a'r tŷ mawr, gwyn wrth y neuadd.

"Beth amdani?" gofynnodd Siw wedyn.

"Rwy'n barod i ddod draw i weld," oedd unig ateb Jacob. "Os

teimla i ar ôl cyrraedd fod popeth yn ddiogel, rwy'n barod i fentro."

"Wrth gwrs y bydd popeth yn ddiogel," meddai Nel.

"Rwyt ti wedi anghofio un peth," atebodd Jacob. "Rwy'n ddyn gonest; byth yn dweud celwydd. Rwy'n mynd i'r tŷ cwrdd bob Sul. Mae'n gas gen i dwyllo neb."

"Ond nid twyllo ydy hyn," meddai Siw. "Dyna oedd dymuniad Morgan, i ni gael popeth. Twyll fyddai i Jac o Gaerdydd gael y tir, y stad a phopeth. Fedri di ddim gweld?"

"Ie, wrth gwrs," atebodd Jacob, "os caiff Jac y stad, mae'n bosib y bydda i'n colli'r tŷ yma a'r darn tir."

Aeth i'r stabl i nôl ei ferlen a chyn hir roedd yn llofft y plas, yn edrych ar y gwely yn y gornel dywyll.

"Gwell iti frysio," meddai Siw wrtho. "Mae dillad nos ar y gwely a chap Morgan ar y top. Gall Lewis y cyfreithiwr gyrraedd unrhyw funud."

Chwarter awr yn ddiweddarach, roedd Siw wrth ei bodd. Gyda'r blancedi at ei drwyn, ni allai neb ddweud mai Jacob oedd yn y gwely. Yn yr hanner tywyllwch, gallai rhywun gredu mai Morgan oedd e.

"Rŷn ni wedi penderfynu egluro wrth y cyfreithiwr bod yr afiechyd wedi effeithio ar lais Morgan," meddai Siw wrth Jacob. "Wyt ti'n cofio beth sy'n rhaid iti ei ddweud?"

"Gwell imi gael clywed y cyfan, un waith yn rhagor," oedd ateb Jacob.

"'Rwy'n rhoi'r plas a'r tir a'r eiddo i gyd, gan gynnwys y stoc, y llestri arian a'r llieiniau i'm dwy chwaer annwyl, Siw a Nel.' Fedri di gofio?"

"Medra, rwy'n meddwl."

"Meddylia," meddai Nel. "Tŷ'n ddi-rent a thir yn ddi-rent, dim ond am ddweud un frawddeg."

Chafodd Jacob ddim amser i newid ei feddwl. Daeth John y gwas at waelod y grisiau a gweiddi, "Mae Lewis y cyfreithiwr yn dod at y tŷ."

Suddodd y crydd yn is o dan y dillad gwely. Roedd wedi cael syniad. Gorweddodd yn llonydd nes i'r ddwy chwaer ddod yn ôl i'r llofft a sefyll wrth y drws. Gwrandawodd arnyn nhw'n siarad.

"Dewch i mewn," meddai Siw. "Rydyn ni wedi rhoi cadair a bord ar ganol y llawr i chi."

"Rhag ichi ddal yr afiechyd ac yntau mor heintus," meddai Nel.

"Cofiwch ei fod bron colli ei lais oherwydd yr haint," meddai Siw wedyn.

"Ac yn cael trafferth mawr wrth sgrifennu," meddai Nel.

"Wrth gwrs, wrth gwrs," meddai'r cyfreithiwr ar ôl cael ei big i mewn. "Bydd llonydd yn well na dim iddo. Fe af i'n union y bydd yr ewyllys wedi'i harwyddo."

Roedd y merched wedi gofalu bod pluen gŵydd newydd sbon a digon o bapur ar y ford. Doedd dim sôn am gannwyll yn unman.

"Mae Lewis y cyfreithiwr wedi cyrraedd," meddai Siw'n uchel.

Cododd Jacob ei law'n llipa a gadael iddi ddisgyn yn ôl ar y cwrlid.

"Chadwaf i monoch chi, Morgan bach," meddai Lewis. "Dywedwch chi'ch dymuniad ac fe sgrifennaf i bopeth i lawr. Fe wnaiff un frawddeg y tro."

Cododd Jacob ei law am yr ail waith, i ddangos ei fod wedi deall.

"Mae wedi colli ei nerth i gyd, druan bach," meddai Siw. "Mae Lewis yn barod, Morgan."

Cododd Jacob ei law am y trydydd tro a dechrau siarad mewn llais cryg. "Mae gen i un cyfaill da y carwn i gofio amdano fe. Jacob Harding, y crydd o'r Bont-faen. Mae e'n byw mewn tŷ bach ag ychydig o dir wrtho fe. Fe garwn iddo fe gael cadw'r tŷ a'r tir am byth."

Edrychodd y ddwy chwaer ar ei gilydd. Yn amlwg, roedd Jacob am sicrhau ei fod yn cael ei gartref a'r tir. Sgrifennodd y cyfreithiwr y cyfan i lawr, heb godi ei drwyn oddi ar y papur.

"Fe garwn i wneud mwy iddo," aeth Jacob ymlaen. "Fe garwn i roi'r maes mawr ger y bont i'r hen gyfaill annwyl a'r llain wastad ger yr eglwys a'r llannerch eang ger y berllan. Mae tŷ mawr, gwyn, wrth y neuadd. Rwy i am i'm hen gyfaill gael hwnnw, hefyd."

Ni feiddiai'r ddwy chwaer ddweud yr un gair.

"Ar ôl hynny," aeth Jacob ymlaen, "fe garwn i'r plas a'r tir a'r eiddo i gyd, gan gynnwys y stoc, y llestri arian a'r llieiniau fynd i'm dwy chwaer annwyl, Siw a Nel."

Yna, tawelodd. Ni ellid clywed yr un smic yn y stafell, ar wahân i sŵn y bluen yn crafu'r papur. Ar ôl iddo orffen sgrifennu, meddai Lewis wrth Siw, "Gwell ichi ofyn iddo fe arwyddo. Dwy i ddim am fynd yn rhy agos at afiechyd sy mor beryglus."

Ufuddhaodd Siw. Ymdrechodd Jacob i farcio'r papur.

"Bydd marc yn iawn," meddai Lewis. "Fe'i gwelais yn gwneud y marc, dyna sy'n bwysig. Does dim disgwyl i ŵr sy mor wael sgrifennu'n eglur."

"Cystal ichi fynd yn syth iddo gael llonydd," meddai Nel. "Fe gymerwch ychydig o frandi yn y parlwr, rwy'n siŵr."

"Wrth gwrs, wrth gwrs. Rwy i wedi cael sawl brandi gan Morgan yn y parlwr. Y brandi gorau, hefyd. 'Na ofalwch am yfory.' Dyna fyddai Morgan yn ei ddweud bob amser. Gobeithio'n wir y bydd fyw i weld yfory. Fe ges i olwg lled wael arno heno."

Ar ôl sicrhau bod Lewis a'r ddwy chwaer yn ddiogel yn y parlwr, neidiodd Jacob o'r gwely, gwisgodd ei ddillad a brysio i'r stabl i nôl ei ferlen. Cyn hir, roedd yn gyrru fel y gwynt yn ôl at ei wraig a'i dri phlentyn. Gwyddai y byddai'n symud i'r tŷ gwyn ger y neuadd cyn hir. Byddai'n ŵr cyfoethog.

Cyn canol dydd trannoeth, daeth y newydd i'r Bont-faen fod yr hen gyfaill annwyl, Sgweier Morgan, wedi marw o afiechyd peryglus ac y byddai'r angladd ymhen tridiau.

Ymhen tridiau, daeth Lewis y cyfreithiwr at Jacob i gyhoeddi'r newyddion da. Roedd yn ŵr cyfoethog, diolch i Morgan.

Cafodd un llythyr; llythyr oddi wrth Siw a Nel, yn ei rybuddio i beidio â dangos ei drwyn yn y plas byth mwy ac i ddweud y byddent yn trwsio'u hesgidiau yng Nghaerdydd o hynny ymlaen.

Gwenodd Jacob. Roedd yn berffaith ddiogel. Feiddien nhw ddweud dim.

Mewn ffordd, dylai'r stori orffen yn y fan hon, ond wnaiff hi ddim.

Yn fuan ar ôl symud i'r tŷ mawr, gwyn ger y neuadd, edrychodd Jacob yn y drych a gweld ei fod wedi mynd i edrych yn fusgrell iawn. Dechreuodd golli ei gnwd o wallt ac aeth ei wynt yn fyr.

Ychydig wythnosau'n ddiweddarach, dywedodd ei ddau fab eu bod am ei adael a mynd i weld y byd. Roedden nhw wedi cael digon ar ffermio'r tir.

Ychydig wythnosau'n ddiweddarach, bu ei wraig farw, gan adael ei unig ferch, Cit, i edrych ar ei ôl. Sylweddolodd honno'n fuan fod ei thad yn dechrau ymddwyn yn od. Syllai am oriau i'r tân, gan sibrwd, "Twyll, twyll, Sgweier Morgan, ewyllys, Siw a Nel a John. Twyll, twyll."

Ni allai hi wneud na phen na chynffon o'r geiriau.

Yna, dechreuodd Jacob gerdded o gwmpas y tŷ gan olchi ei ddwylo yn yr awyr a sibrwd, "Na ofalwch am yfory. Na ofalwch am yfory!"

Un dydd, methodd hi ddal dim rhagor. Aeth i nôl y ficer gan y teimlai fod y diafol wedi meddiannu ei thad.

Dacth hwnnw draw ar unwaith. Yn union wedi iddo gyrraedd, dechreuodd Jacob adrodd ei stori, heb adael dim allan.

"Mae gen i un dewis," meddai ar ôl gorffen.

"A beth yw hwnnw?" gofynnodd y ficer.

"Dychwelyd i'm bwthyn bach, fi a Cit. Trwsio esgidiau fel o'r blaen a byw'n ddiddan. Ddaeth yr holl gyfoeth ddim â hapusrwydd imi."

Cafodd ei ddymuniad. Ac o'r adeg honno ymlaen, bu ef a Cit fyw'n ddigon hapus gyda'i gilydd.

Mae un frawddeg y mae'n mynnu ei dweud cyn mynd i gysgu bob nos. "Na ofalwch am yfory."

Wyddech chi?

Fod un o eglwysi cadeiriol harddaf Cymru yn sir De Morgannwg.
Yr enw arni hi ydy Eglwys Gadeiriol Llandaf. Cafodd ei sefydlu, medd traddodiad, gan Sant Teilo. Un o'r pethau cyntaf a welir ar ôl mynd i mewn drwy'r drws yw cerflun enwog Epstein, Crist yn codi mewn gogoniant.

Cerflun Epstein (gyferbyn)   Yr Eglwys Gadeiriol yn Llandaf

Ynys y Barri

Cael siwrnai yn y siarri
A wnaeth y prydydd gynt;
O'r cymoedd glo i'r Barri
Dôi'r plant ar ddifyr hynt,
A threulio'r diwrnod wnânt o hyd
Ar lan y môr yn wyn eu byd.

Bwced a rhaw i gychwyn,
Ac adeiladu tŵr,
Castell o dywod melyn
A ffos yn llawn o ddŵr,
Ac ar y tŵr rhaid cael draig goch,
A dawns o'i chylch gan weiddi'n groch.

Awr ginio? Does dim penbleth.
Mae'r bwytai oll gerllaw,
A'r sglodion gyda phopeth
Yn hwylus ar y naw.
Diwallu angen, llenwi bol
Sy'n hawdd i'w wneud a heb ddim lol.

Yn ôl i'r traeth am dipyn
A bolaheulo'n braf,
Gan deimlo na ddaw terfyn
Fyth mwy ar heulwen haf,
A chladdu rhyw greadur mwyn
O dan y tywod at ei drwyn.

Neidio i mewn i'r tonnau;
Clywch y gwichiadau lu;
Blas hallt ar ein gwefusau;
Yr isdon yn tynnu'n gry.
Herio'n gilydd cyn ffoi i'r tir;
Sychu a newid. Daw'r nos cyn hir.

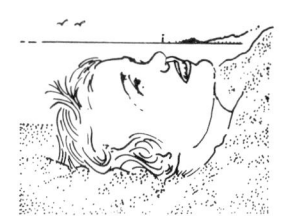

Ffarwel i draeth yr ynys,
Mae'n hen bryd mynd i'r ffair;
Nid yw yn siwrnai ddyrys –
Cam ceiliog, ar fy ngair!
Cawn gyfle nawr am fentrus hynt,
Llond bol o fraw a cholli'n gwynt.

Ceir dojan, tŷ ysbrydion,
Cwch dŵr, yr olwyn fawr,
Bingo a gêmau gwirion,
Trên bach, tŵr sglefrio i lawr,
Cerbydau chwyrn i'n gwneud yn dost,
A gwario'n pres heb gyfri'r gost.

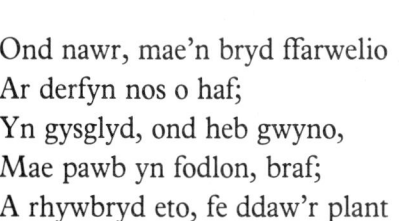

Ond nawr, mae'n bryd ffarwelio
Ar derfyn nos o haf;
Yn gysglyd, ond heb gwyno,
Mae pawb yn fodlon, braf;
A rhywbryd eto, fe ddaw'r plant
Yn ôl i'r Barri fesul cant.

Urien Wiliam

Wyddech chi?

Mai yn sir De Morgannwg y mae prif faes awyr Cymru. Yr enw swyddogol arno yw MAES AWYR CAERDYDD-CYMRU.

Mae wedi cael ei adeiladu ar faes y Rhws, ychydig y tu allan i Gaerdydd. Mae'n faes awyr pwysig ac yn datblygu'n bwysicach bob blwyddyn gydag awyrennau o sawl rhan o'r byd yn glanio yno ac yn codi oddi yno.

Maes Awyr Caerdydd-Cymru

Yn y Rhws ym Mro Morgannwg y mae Maes Awyr Caerdydd.
Mae'n lle modern, diddorol, gydag awyrennau o bob rhan o'r byd yn
glanio yno. Mae'n anodd meddwl y gall ysbrydion aflonyddu ar faes
awyr ond mae'n dibynnu sut ysbryd a beth yw neges yr ysbryd
hwnnw.

Anrheg ben-blwydd

"Wedi mwynhau pob munud. Ydw, wir," meddai Modryb
Hilda. Roedd y car yn gadael tre'r Barri ac yn cyfeirio at Faes
Awyr y Rhws. "Edrych ymlaen at y tro nesa. Ydw, wir."

Trodd i edrych ar Malcolm a Rhiannon yn eistedd yn y sedd
gefn. Gwenodd y ddau, heb ddweud gair. Er eu bod yn rhy
foneddigaidd i ddweud hynny, roedden nhw wedi cael llond bol o
Modryb Hilda.

"Problem fawr Modryb Hilda," meddyliodd Malcolm wrth i'r
car godi sbîd, "yw ei bod yn dod o Canada. Mae'n wlad mor fawr.
Rhaid i bawb weiddi i glywed ei gilydd."

Gallai Hilda weiddi ar dop ei llais o fore tan hwyr, heb wybod ei
bod yn gwneud hynny.

A bod yn fanwl gywir, doedd hi ddim yn fodryb i'r plant. Hen
ffrind ysgol i'w mam a aeth i Canada yn union wedi gadael y coleg
oedd hi. Bob tair blynedd, fel cloc, deuai'n ôl i Gymru gan aros
bob tro gyda Mr a Mrs Davies. Roedd yn bosib ei dioddef am
wythnos neu ddwy ond ar ôl i fis fynd heibio, roedd pawb yn
edrych ymlaen at ei gweld yn mynd yn ôl.

"Mae mor wahanol i'r hyn oedd hi," dywedai Mrs Davies o
hyd. "Roedd yn arfer bod mor dawel. Cofiwch chi, chewch chi
neb sy'n fwy caredig."

Roedd hynny'n wir. Bob tair blynedd, deuai â llond cas o
anrhegion iddyn nhw. Eleni, er enghraifft, roedd wedi dod â dol

yn gwisgo dillad Indiaid Gogledd America i Rhiannon a chit awyren Heinkel i Malcolm. Gwyddai fod y bachgen wrth ei fodd yng nghanol awyrennau ond pe bai'n rhaid iddo ddewis, buasai'n well gan Malcolm fod heb ei fodel a heb gwmni Modryb Hilda. Nawr, byddai tawelwch eto ar yr aelwyd yn y Barri, am dair blynedd o leiaf.

Gwasgodd Hilda ben-glin Rhiannon gan ddweud, "Rŷch chi'n garedig iawn. Llond y car yn dod i ffarwelio â'ch hen fodryb."

"Yn falch cael gwneud hynny," meddai Mr Davies gan wenu ar ei wraig. Ceisiai Malcolm beidio â chwerthin achos gwyddai feddwl ei dad yn iawn.

Arafodd y car wrth y brif fynedfa ac meddai ei dad, "Gwell ichi ddod allan fan hyn i fi gael mynd ymlaen i'r maes parcio."

"Iawn," meddai Modryb Hilda. "Mwy o amser i fynd trwy'r doll. Pawb i helpu gyda'r bagiau."

Gwnaeth Rhiannon lygaid bach ar Malcolm. Roedd digon o fagiau gan Hilda i lenwi jet jymbo ond roedd ganddi ystyr arbennig i'r gair "pawb".

Heb edrych ar neb, camodd at y brif fynedfa gan weiddi, "Ffordd hyn," fel pe na bai neb ond hi'n gweld y pyrth.

Malcolm a'i dad a gafodd y dasg o roi'r holl fagiau ar y palmant. Gwaith Rhiannon oedd cadw golwg arnyn nhw. Gwaith eu mam oedd dilyn Hilda i'r lolfa ymadael.

"Gaf fi ddod gyda chi i'r maes parcio, Dad?" gofynnodd Malcolm.

"Wrth gwrs. Fe fydd rhaid inni chwilio am help gyda'r bagiau. Pe bai Hilda'n mynd â Butlins i Canada, fyddai dim mwy o fagiau ganddi hi."

Trwy lwc, cafodd le bron ar unwaith yn y maes parcio. Roedd yn cloi drws y car pan ddaeth llais yn ei ymyl, "Helô. Bore braf."

Trodd Malcolm a'i dad i weld dyn mawr, cyhyrog yn sefyll yn eu hymyl.

"Huw, helô! Ddim yn meddwl amdanat ti."

"Dod i hedfan?"

"Fedra i ddim fforddio hedfan fel ti. Na, dal awyren. Ffrind i Gwen yn mynd nôl i Canada. Dwyt ti ddim wedi cwrdd â'r mab, wyt ti? Malcolm, dyma iti Huw Evans. Fe sy'n tynnu lluniau awyr i fi."

Pefriodd llygaid Malcolm yn syth. Darlithydd coleg oedd ei dad ac roedd wedi sgrifennu sawl llyfr daearyddiaeth. Roedd nifer o luniau wedi'u tynnu o'r awyr ynddyn nhw; rhai da iawn.

"Chi dynnodd y llun yna o Landŵ?" gofynnodd.

"Oeddet ti'n ei hoffi fe?"

"Yn fawr iawn. Popeth mor glir."

"Rhaid iti ganmol y camera. Mae camerâu awyr yn rhai arbennig o dda. Byth yn twyllo. Fe allan nhw dynnu llun gwybedyn kilometr i ffwrdd."

"Mae gen i dasg arall iti," meddai Mr Davies. "Fedri di ddod draw heno? Tua naw? Rwy i am luniau o'r arfordir o gwmpas y Barri."

Wrth i'r ddau ddechrau siarad busnes, crwydrodd llygaid Malcolm o'i gwmpas. Roedd bob amser wrth ei fodd yn dod i'r maes awyr. Edmygodd y sganiwr radar yn troi a throi uwch ei dŵr, a'r ffenestri oddi tano. Prin y gallai weld y dynion yn y tŵr rheoli ond gwyddai fod nifer yno, pob un yn gwylio sgrîn neu'n siarad ar radio, i sicrhau diogelwch pob teithiwr.

Yna, trodd i edrych ar yr awyrennau bach, awyrennau pobl fusnes, a safai'n rhes hir ar y tarmac.

"Wyt ti'n eu hoffi nhw?" gofynnodd Huw Evans gan ddod i sefyll yn ei ymyl. "Fi piau un ohonyn nhw. Honna gyda'r bandiau aur a du o gwmpas ei thrwyn. Wyddost ti sut un ydy hi?"

"Wrth gwrs. Cessna."

"Hei, Tom, mae hwn yn nabod ei awyrennau," meddai, gan droi at dad Malcolm. "Fe ddylet ti fynd ag e draw i weld yr Amgueddfa Awyr."

"Dim amser," oedd ateb Mr Davies. "Mae gen i fynydd o fagiau i'w cario. Dwyt ti ddim yn nabod Hilda."

"Fe gei di borthor a throli, fachgen, ond gwrando; os nad wyt ti'n malio, fe af fi ag e a dod ag e draw i'r lolfa madael iti wedyn."

Roedd Mr Davies wedi gobeithio cael help Malcolm gyda'r bagiau ond doedd e ddim am ei siomi. "Wyt ti'n siŵr na fydd e ddim trafferth iti?"

"Trafferth? Paid â siarad mor wirion. Fe fydda i wrth 'y modd. Tyrd, Malcolm."

"O, diolch," meddai Malcolm, ei lygaid yn disgleirio. Roedd wedi clywed am yr amgueddfa ond heb gael cyfle i'w gweld.

I ffwrdd â'i dad gan ei adael gyda'i gyfaill newydd. Er ei fod yn ddyn mawr, roedd yn hynod o chwim ar ei draed. Roedd yn rhaid i Malcolm drotian i'w ddilyn.

"Does dim llawer yma, cofia," eglurodd. "Dim ond rhai awyrennau oedd yn boblogaidd slawer dydd, ymhell cyn bod sôn amdanat ti."

"Mae adeiladu awyrennau'n hobi gen i," meddai Malcolm. "Mae gen i hanner cant yn y llofft."

"O? Wyt ti'n adeiladu un ar hyn o bryd?"

"Newydd orffen un. Anrheg ben-blwydd gan Modryb Hilda."

"Paid â dweud dy fod ti'n cael dy ben-blwydd heddiw, yr un diwrnod â fi?"

"Na," meddai Malcolm. "Fe ges i mhen-blwydd fis yn ôl. Fyddwch chi'n cael parti?"

"Go brin, fachgen, ond rhaid i fi ddod i weld yr awyrennau na ryw ddiwrnod. Nawr, beth yw dy farn di am y rhain?"

Amgueddfa awyr-agored oedd hi. Am chwarter awr, cerddodd

Malcolm o gwmpas yr hen awyrennau, rhai masnach henffasiwn, rhai ymladd a bomio, hofrennydd ac un awyren ar ei phen ei hun yng nghornel bellaf y maes.

Wrth edrych arnyn nhw, teimlai Malcolm yn drist, fel pe bai'n edrych ar nifer o bysgod, allan o'u byd ar dir sych. Teimlai fod pob un yn ysu am gael deffro a rhuo i fyny i'r glesni.

"Wyt ti'n nabod rhai ohonyn nhw? Beth am honna yn y gornel?" gofynnodd Mr Evans.

"Hawdd, Spitfire."

"Da iawn. Fe achubodd honna groen y wlad yn ystod y rhyfel diwetha."

Gyrrodd ei eiriau feddwl Malcolm ar garlam. Yn ei ddychymyg, clywodd beiriant yn tanio a gwelodd sgriw'n troi. Daeth llais o rywle i weiddi, "Chocks away!" Gwelodd Spitfire yn codi i'r awyr a'i pheiriant yn rhuo. Roedd gelyn yn llygad yr haul, yn aros amdani.

"Hei! Breuddwydiwr! Dwyt ti'n gwrando dim arna i," meddai Mr Evans gan chwerthin.

"Mae'n ddrwg gen i. Fe gychwynnodd injan awyren yn rhywle ac fe ddechreuais ddychmygu."

Syllodd Huw Evans ar y bachgen. Doedd yr un injan wedi cychwyn yn unman ond penderfynodd gadw'n dawel. Rhaid bod dychymyg effro ganddo.

"Sôn am y sgriw yma'r own i," meddai.

Aeth at sgriw Spitfire a oedd wedi cael ei gosod mewn concrit.

"Sgriw Spitfire. Brawd i fi oedd yn ei hedfan hi."

"O? Pryd?"

"Amser maith, maith yn ôl, fachgen. I fod yn fanwl gywir, aeth hon i'r awyr am y tro olaf ddeugain mlynedd yn ôl i'r dydd heddiw. Ond gwell inni fynd i'r lolfa madael cyn i dy fodryb ddechrau cadw sŵn."

Roedd gan Malcolm lu o gwestiynau i'w gofyn. Pam gosod y sgriw arbennig hon mewn concrit? Sut y gwyddai Mr Evans i'r diwrnod am ei thaith olaf? Meddai, "Mae Modryb Hilda ymhell cyn pryd ym mhobman. Beth ddigwyddodd?"

Rhyw fodd, mewn ffordd na fedrai mo'i deall, câi ei dynnu at y sgriw. Gosododd ei fysedd ar y metel oer. Aeth ton o gryndod drwyddo. Roedd fel pe bai'n ceisio dweud rhywbeth wrtho.

"Tyrd. Fe gei di'r stori ar y ffordd."

Daeth yr un sŵn i glustiau Malcolm am yr ail dro; sŵn Spitfire yn cychwyn. Crynai'r sgriw o dan ei fysedd wrth iddo wrando.

"Hei! Breuddwydio eto?"

"Mae'n ddrwg gen i. Mae'r sgriw yma fel pe bai'n fyw i fi.

Fedrwch chi ddeall hynny?"

"Rwyt ti wedi darllen gormod o straeon antur, was."

"Falle. Ond ewch ymlaen â'r stori."

"Rwyt ti wedi clywed am y rhyfel diwetha wrth gwrs."

"Y rhyfel rhwng Prydain a'r Almaen?"

"Ie, a sawl gwlad arall o ran hynny. Roedd Dan, fy mrawd, a minnau yn y llu awyr. Gefeilliaid oedden ni. Ymuno ar yr un diwrnod. Grŵp Capten Dan Evans, dyna'i enw fe. Roedden ni'n dau'n gweithio yma yn y Rhws. Fi'n tynnu lluniau ac yntau'n hedfan. Cofia, doedd y lle ddim mor fodern â hyn yr adeg honno. Maes milwrol oedd e, yn dysgu bechgyn ifanc i hedfan. Spitfires fyddai gyda ni. I fyny yn yr awyr ar bob tywydd. Fe gafodd llawer iawn eu lladd yn y rhyfel."

Arhosodd Mr Evans ar gornel y maes awyr a throi i edrych yn ôl.

"Wn i ddim pam 'y mod i'n dweud y stori wrthyt ti," meddai, "ond fedri di ddychmygu'r lle'r adeg honno? Caban Nissen fan draw, cantîn mawr yn ei ymyl e, popeth yn llwyd a gwyrdd, rhes o hangars a chabanau a phobman fel cwch gwenyn o brysur. Mil naw pedwar dau oedd hi, ddeugain mlynedd yn ôl. Roedd angen y peilotiaid, ti'n gweld. Roedd gan yr Almaenwyr gannoedd o awyrennau, Junkers, Heinkels, Messerschmitts, yn dod draw'n gyson i fomio. Fe ddioddefodd Caerdydd yn ddrwg. Wyddet ti hynny?"

Gwyddai Malcolm nad oedd Mr Evans yn disgwyl ateb i'w gwestiwn.

"Roedd rhaid ymarfer o hyd ac o hyd. Doedd dim dewis gyda ni. Ymarfer ar bob tywydd ac ymladd ar bob tywydd. Roedd gan Dan lanc o Lantrisant dan ei ofal, Alun Williams; Cymro glân fel ti. Roedd e'n dod yn ei flaen yn dda, yn trin Spitfire fel feteran. Ddeugain mlynedd i heddiw, roedd hi'n bwrw glaw mân ac roedd niwl gyda hi. Ti'n deall? Niwl. Mae'n anodd hedfan mewn niwl. Roedd awyrennau o'r Almaen yn hedfan ynddo fe, er hynny. Wedi bod yn bomio porthladd Caerdydd. Fe syrthiodd un i'r ddaear yn ymyl Sain Tathan. Welodd neb hi'n disgyn gan fod y niwl mor drwchus. Mynd ar ei thrwyn i gae. Roedd un bom ganddi o hyd. Meddwl ei ollwng ar ryw bentre ar y ffordd adre, fwy na thebyg."

Oedodd Mr Evans am sbel. Ni ddywedodd air. Ofnai Malcolm ei fod wedi gorffen.

"Roedd Dan yn cael ei ben-blwydd, ti'n gweld, ac roedd gyda ni barti bach wedi'i drefnu yn y mês i ni'n dau; ond roedd rhaid mynd ag Alun i fyny i ymarfer mewn niwl. Rhai'n dweud fod y niwl yn rhy drwchus a rhai'n dweud fel arall. Aeth popeth yn iawn am sbel. I fyny am hanner awr. Fe anfonodd neges i'r tŵr rheoli i ddweud ei fod yn dod i mewn i lanio. Fedre neb weld dim, wrth gwrs. Roedd e'n rhy isel o lawer i'r radar. Doedd hwnnw byth yn gweithio'n dda, sut bynnag. Fe welodd rhai'r Spitfire yn dod i'r golwg dan y niwl am dipyn; yna, dyma'r injan yn llyncu petrol ac yn saethu fel bwled i fyny i'r niwl. Feddyliodd neb ddim ar y pryd. Ychydig eiliadau'n ddiweddarach, daeth andros o glec ac yna, distawrwydd. Doedd dim angen gofyn. Fe wyddai pawb beth oedd wedi digwydd, er na fedrai neb weld dim. Fe syrthiodd ym mhen draw'r maes a chwalu'n ddarnau. Doedd dim gobaith ganddyn nhw."

"Oedd rhywbeth o'i le ar yr injan?"

"Roedd hi'n swnio'n iawn. Na, Dan gafodd y bai, am fentro fyny yn y fath dywydd. Alun yn gwylltio wrth lanio a thynnu trwyn y Spit i fyny. Yr injan yn tagu. Fe glywodd pawb sŵn tagu."

"Ond dŷch chi ddim yn credu hynny?"

"Gefeilliaid oedden ni, yn deall ein gilydd. Cyn i'r Spit ddisgyn i'r cae, fe geisiodd Dan ddweud rhywbeth wrtha i. Beth, wn i ddim. Chaf fi ddim gwybod rhagor."

Bu eiliadau o dawelwch unwaith eto. Huw Evans a edrychai fel pe bai'n breuddwydio'r tro hwn. Yna, meddai'n sydyn, "Maddau imi, was. Wn i ddim pam y dylwn i arllwys 'y nghwd wrthyt ti. Nawr, tyrd, neu fe fydd dy dad yn cadw sŵn."

Byddai Malcolm wedi hoffi gofyn rhagor am y sgriw ond penderfynodd beidio. Yn lle hynny, gofynnodd, "Ble byddwch chi'n tynnu lluniau heddiw?"

"Yn union wedi imi gael gwared arnat ti," atebodd gan wenu, "fe fydda i'n mynd â'r Cessna fach o gwmpas y Fro. Tynnu lluniau ar gyfer mapiau newydd. Os bydd dy dad yn fodlon, fe gei di ddod i fyny gyda fi rywbryd. Fyddet ti'n hoffi hynny?"

Doedd dim angen dweud ond gwyddai Malcolm ei bod yn hen bryd iddo fynd i chwilio am y lolfa ymadael.

"Cholli di mo'r ffordd," meddai Mr Evans wrtho. "Dos drwy'r drysau fan draw a mynd yn syth i fyny'r grisiau. Fe fydd dy rieni yno, rwy'n siŵr."

"Ble'r wyt ti wedi bod?" oedd cwestiwn ei dad. Roedd yn symud bagiau ar dop y grisiau.

"Ond fe wyddoch chi'n iawn, Dad."

"Amgueddfa fach ydy hi. Rown i'n dy ddisgwyl di chwarter awr yn ôl. Mae Modryb Hilda wedi mynnu mynd trwy'r dollfa i'r stafell ymadael."

"Wyddech chi i frawd Mr Evans gael ei ladd yn y rhyfel?"

"O! Rwyt ti wedi cael y stori honno, wyt ti? Rho help gyda'r rhain. Excess baggage Modryb Hilda. Fe fydd rhaid mynd â nhw'n ôl i'r car." Yn amlwg, roedd tymer ddrwg ar ei dad. Gwyddai bod yn well iddo gadw o'i ffordd am dipyn. Aeth i edrych o gwmpas y lolfa. Uwch ei ben, roedd sgrîn deledu. Roedd gair mawr, ARRIVALS, arni. O dan y gair, roedd y neges:

DAN AIR   D   6325   JERSEY   16.00

Pedwar o'r gloch. Roedd awyren rywle yn yr awyr y munud hwnnw, ar ei ffordd i'r Rhws, yn llawn o bobl ar eu gwyliau, fwy na thebyg. Ar sgrîn deledu arall, roedd y gair DEPARTURES. O dan hwn, roedd y neges:

CAA   491   TORONTO   14.30

Awyren Modryb Hilda. Roedd bron â bod yn hanner awr wedi dau'n barod. Aeth at silff lydan a oedd o dan y sgrîn. Arni, roedd un pryfyn marw. Gorweddai ar wastad ei gefn.

Heb wybod yn iawn pam, cydiodd Malcolm ynddo a manylu ar yr adenydd. Roedden nhw'n adlewyrchu'r golau fel enfys fechan ac yn edrych mor gain. Fe fuon nhw'n cynnal y pryfyn yn yr awyr, y darnau hyn o feinwe. Meddyliodd am yr holl awyrennau yn ei ystafell wely; pob un wedi dechrau ei bywyd mewn bocs ac yntau wedi ei hadeiladu â chyllell finiog a glud a llond gwlad o amynedd. Spitfires, Hurricanes, Flying Fortresses, Lancasters a nawr, Heinkel Modryb Hilda, gyda'i chot o baent ffres. Chwarae teg iddi. Doedd dim rhaid iddi gofio am ei ben-blwydd. Roedd yn anrheg wrth ei fodd.

Daeth ei fam a Rhiannon trwy ddrws o rywle ac aeth draw atynt. Yna, daeth ei dad i ymuno â nhw. Aethant i gyd at y ffenest i wylio'r maes. Daeth llais trwy'r uchelseinydd:

"Would all passengers for flight four nine one bound for Toronto please board their aircraft prior to take off. Thank you."

Gallai Malcolm weld y jet jymbo'n glir. Arni, roedd y geiriau:

CANADIAN ATLANTIC AIRWAYS

Heidiai tryciau gwasanaeth o'i chwmpas. Roedd eu gwaith, er hynny, bron ar ben. O un i un, symudasant ymaith. Dechreuodd y teithwyr gerdded draw o'r prif adeiladau. Yn eu harwain, fel brenhines, roedd Modryb Hilda. Heb edrych i unman ond yn syth o'i blaen, dringodd risiau'r awyren i'r top cyn troi i wynebu pawb. Chwifiodd ei llaw, fel pe na bai neb ond hi'n mynd i Canada.

"Hunanbwysig," meddai Mr Davies dan ei ddannedd.

"Twt," atebodd ei wraig, "fe elli di anghofio amdani hi am dair blynedd arall."

Ymhen hir a hwyr, aeth y jet yn araf i ben draw'r rhedfa. Safodd am ychydig eiliadau, yna, gyda'i pheiriannau'n rhuo, dechreuodd symud drachefn, gan godi sbîd yn gyflym. Er ei bod yn anferth, cododd fel gwylan i'r awyr ac anelu at y cymylau.

"Ffarwél, Modryb Hilda," meddai Rhiannon.

Doedd Malcolm ddim yn gwrando arni hi. Medrai ef glywed sŵn peiriannau o hyd ac nid peiriannau jet oedden nhw. Roedd injan betrol yn chwyrnu yn rhywle. Spitfire! Medrai ei chlywed yn eglur! Yn fwy na hynny, medrai ei gweld yn dynesu, yn isel yn yr awyr. Deuai i mewn fel pe bai'n anelu at lanio. Yna, gwelodd rywbeth du y tu ôl iddi, rhywbeth a ehedai i lawr yn chwim. Ni fedrai ddweud yn iawn beth oedd. Yna, fel fflach, gwelodd lun anrheg modryb Hilda. Heinkel. Un o awyrennau'r gelyn! Ni fedrai gredu ei lygaid. Ni ddylai'r un awyren fod yn agos i'r rhedfa. Oedd pobl y tŵr rheoli'n ddall? Oedd rhywbeth o'i le ar y radar?

Yn sydyn, cododd trwyn y Spitfire. Aeth i fyny i'r cymylau. Dolennodd, a'r eiliad nesaf roedd wrth gwt yr Heinkel. Gwelodd Malcolm ei hadenydd yn fflachio. Roedd ei gynnau'n tanio. Ar yr un pryd, daeth fflam o dwred gwn awyren y gelyn.

Ysgarmes fer oedd hi. Dechreuodd mwg lifo o grombil yr Heinkel, trodd ar ei hochr gan ehedeg yn herciog i'r gorllewin. Daeth mwg o'r Spitfire, hefyd. Trodd ar ei hochr, gan ehedeg ymlaen am ychydig. Yna, disgynnodd fel carreg i'r ddaear. Ffrwydrodd gyda chlec uchel.

Trodd Malcolm i edrych am ei dad ond doedd e ddim yno. Doedd neb ond fe'n syllu ar y frwydr yn yr awyr uwchben y maes.

"Pam nad oes neb yn gwneud dim?" gofynnodd ar dop ei lais.

"Malcolm? Be sy'n bod?"

Brysiodd ei dad ato o rywle gan egluro, "Roedden ni'n aros amdanat ti."

"Welsoch chi mo'r sgarmes yna?"

Nawr, roedd Rhiannon yn ei ymyl. "Pa sgarmes, y ffŵl?" meddai.

"Beth fu Huw Evans yn stwffio yn dy ben di?" oedd cwestiwn ei fam.

"Ond drychwch," meddai Malcolm gan bwyntio tua'r maes. Disgwyliai weld colofn o fwg yn codi i'r awyr.

Doedd dim yno. Dim sôn am Spitfire. Dim sôn am adfeilion. Y cyfan a welai oedd Cessna fach yn gwibio heibio. Roedd ei gyfaill wrth ei waith. Roedd wedi dychmygu'r cyfan; ac eto, fe fu popeth mor real am rai eiliadau. Yna, cofiodd fel y dywedodd Mr Evans rywbeth wrtho am y bomio yng Nghaerdydd. Roedd ganddo gwestiwn i'w ofyn iddo cyn y byddai'n dawel ei feddwl.

Yn union wedi iddo gyrraedd y tŷ, aeth i nôl llyfr rhifau ffôn ei dad. Daeth o hyd i rif Mr Evans ar unwaith. Byddai'n falch pe gwyddai pa bryd y deuai adre o'i waith achos roedd yn ysu am ofyn ei gwestiwn.

Llusgodd yr oriau at chwech o'r gloch cyn iddo fentro. Yna, a'r cloc yn taro, dewisodd y rhif a chodi'r derbynnydd.

"Mr Evans? Fi sy yma. Malcolm. Mab Tom Davies."

"Helô! Aeth Modryb Hilda adre'n saff?"

"Do. Mr Evans, wnewch chi ateb cwestiwn i fi?"

"Fe wnaf fy ngore. Beth yw e?"

"Ŷch chi'n cofio dweud wrtha i'r pnawn yma i awyren y gelyn syrthio ger Sain Tathan?"

"Ydw."

"Ai Heinkel oedd hi?"

"Ie. Pam? Ond sut y gwyddet ti hynny?"

"Pe bai dwy awyren yn syrthio ar yr un pryd, er yn bell oddi wrth ei gilydd, fyddai hi'n bosib i bobol gredu mai dim ond un syrthiodd? Hynny yw, pe bai niwl dros bobman?"

"Bydde, falle, ond pam rwyt ti'n gofyn?"

"Nawr te, gwrandewch. A peidiwch â chwerthin, plîs."

Adroddodd ei stori, air am air, heb adael dim allan. Ar ôl iddo orffen, gofynnodd Mr Evans, "Ai Heinkel gest ti'n anrheg gan dy Fodryb Hilda?"

"Ie. Dyna sut y gwyddwn i. . ."

"Fe fydda i draw yn y tŷ am naw. Fe gawn ni air cyn iti fynd i'r gwely."

Wrth iddo roi'r ffôn i lawr, dychmygodd Malcolm ei glywed yn chwerthin. Gwyddai nad oedd yn ei gredu; ei fod yn tybio iddo ddychmygu pethau, yn union fel y gwnaeth wrth roi ei law ar y sgriw yna yn yr amgueddfa. Crychodd ei dalcen a dechrau gwenu. Erbyn meddwl, pwy fyddai'n gallu credu'r fath stori?

Ddwy awr yn ddiweddarach, roedd Huw Evans wrth ddrws y tŷ, ei fag briff yn ei law.

"Ble mae Malcolm?" gofynnodd.

"Lan llofft. Pam? Be sy?" gofynnodd Mr Davies.

"Galw fe lawr a thyrd at y ford."

Doedd dim angen galw Malcolm. Roedd wedi clywed y cyfan

ac wedi dod ar ras i lawr y grisiau.

Rhoddodd Mr Evans lun ar y ford heb ddweud gair. Doedd e ddim wedi sychu'n iawn ar ôl cael ei drin, nac yn llun arbennig o dda, o ran hynny. Eglurodd, "Rŷch chi'n gwybod mai camera otomatig sy gen i. Rwy i bob amser yn ei osod e i weithio gan anelu i rywle, cyn i fi gyrraedd y targed − i sicrhau fod popeth yn iawn."

"Rown i'n gweld mai llun od oedd e."

"Edrych ar y gornel fan hyn. Be weli di?"

"Mae'n edrych fel gwybedyn i fi," meddai Tom Davies.

Doedd e ddim yn debyg i wybedyn i Malcolm. Eto, roedd yn ofni dweud y gair. "Spitfire?"

"Nawr, beth am hwn?"

Rhoddodd lun arall ar y ford. Ar un olwg, roedd yn debyg i'r cyntaf ond bod y Spitfire yn nes i'r canol ac yn fwy. Y tu ôl iddi, roedd awyren arall.

"Heinkel," meddai Malcolm.

"Mawredd," meddai Mr Davies. "Ydw i'n deall pethau'n iawn? Am beth oeddet ti'n sôn y pnawn yma, Malcolm?"

"Dwy awyren uwch y maes awyr," meddai Malcolm yn dawel. "Spitfire a Heinkel, yn hedfan dros y Rhws ddeugain mlynedd yn ôl."

"Ac yn syrthio i'r ddaear. Un ar y maes ac un ger Sain Tathan," meddai Mr Evans.

"Ond dydy'r peth ddim yn. . .bosib."

"Nac ydy, ond dyw'r camerâu otomatig yma ddim yn dweud celwydd."

"Pwy sy'n mynd i dy gredu di?"

"Dwy i ddim am ddweud wrth neb. I ba ddiben? Gefeilliaid oedd Dan a fi. Pe bai byw, fe fydden ni'n dau'n dathlu heddiw; dathlu pen-blwydd. Rwy i wedi gwybod trwy'r blynyddoedd i

71

rywbeth ddigwydd iddo ar yr ymarfer ola yna; ac yn gwybod, rywsut, ei fod yn ceisio dweud rhywbeth wrtha i. Nawr, mae wedi dweud. I ddechrau, trwy Malcolm, ac am imi wrthod credu, trwy'r camera."

"Oni bai am Modryb Hilda, fyddwn i ddim wedi nabod yr hen Heinkel yna," meddai Malcolm.

"Paid â dweud wrthi er mwyn popeth, neu fe fydd yn ôl ar y jet nesaf," meddai Mr Davies.

"Peidio â dweud wrth neb, dyna sy orau," meddai Mr Evans. "Ond fedra i ddim meddwl am well anrheg ben-blwydd."

Richard Langridge

Maes awyr y Rhws

Os carech fynd i wledydd pell y byd,
Cewch eroplen o faes y Rhws o hyd;
Mae yna rai sy'n hedeg i bob man,
I'r India, i'r Amerig a Japan.

Gwelwch! Mae un yn cychwyn nawr ar hynt,
Ar ei holwynion teithia'n gynt a chynt,
Ac yna esgyn fry i ryddid ne,
A'i llwyth o deithwyr llon. Ys gwn i ble?

A dacw un llong awyr yn dod lawr
Yn esmwyth-araf, fel aderyn mawr;
Mae'n dod yn is ac is, ac ar fy ngwir,
Mae cyffro ei pheiriannau'n crynu'r tir.

Mac wedi disgyn a daw'r teithwyr ffri
Dros risiau bach i lawr o'i chrombil hi;
Brysio o'r lanfa wedyn yn un twr
Cyn mynd bob un i'w daith, i lawer cwr.

Mae yma gyfarch llon a chwifio llaw.
Bydd rhai yn cyrraedd, rhai yn cychwyn draw;
Cwch gwenyn ydyw maes y Rhws o hyd
Yn sŵn y mynd a dod i ben draw'r byd.

W. Rhys Nicholas

Mwnt a beili, Castell Caerdydd

Un o gestyll mawr Cymru yw castell Caerdydd. Cafodd ei godi gan y Normaniaid, amser maith, maith yn ôl. Doedd y Cymry a oedd yn byw yn ardaloedd Caerdydd a Chaerffili ddim yn hapus yng nghwmni'r Normaniaid achos roedden nhw'n lladrata'u tir oddi arnyn nhw. Fedren nhw ddim gwneud llawer i rwystro'r Normaniaid achos roedden nhw mor gryf a'r Cymry mor wan. Eto, amser maith, maith yn ôl, digwyddodd rhywbeth diddorol, er na ŵyr neb sut y digwyddodd e.

Llwyddodd Arglwydd Senghennydd, Ifor ap Meurig, i fynd i mewn i'r castell. Sut y llwyddodd e? Does neb yn gwybod. Beth oedd ei neges? Byddwch yn gwybod hynny ar ôl darllen y stori hon. Efallai mai fel y dywed y stori y cyflawnodd Ifor Bach ei gamp.

74

Y cap nos coch

Cerddodd Ifor ap Meurig i'r neuadd, ei lygaid yn fflachio. "Nest," gwaeddodd ar ei wraig, "ble'r wyt ti?"

Brysiodd Nest o'r hundy gan ofyn, "Beth sy'n bod? Oes rhaid iti gadw cymaint o sŵn?"

"Oes," atebodd Ifor gan roi darn o bren ar y tân, "rwy i newydd gael ymwelydd."

"O? Pwy?"

Gwyddai Nest fod pob ymwelydd yn cael croeso gan ei gŵr. Welai hi neb yn unman.

"Prif swyddog yr Arglwydd William."

"Arglwydd Morgannwg?"

"Wrth gwrs. Pwy arall? Mae am imi roi'r maes ŷd sydd wrth y nant iddo."

"Yn awr? Cyn iti dorri'r ŷd?"

"Ie. Mae'n brin o fwyd i'w filwyr. Mae'n anfon gweision draw i dorri'r ŷd cyn diwedd yr wythnos."

"Oes ganddo fe hawl, Ifor?"

"Oes. Ef yw Arglwydd Morgannwg. Mae wedi bod yn cipio tir oddi ar y Cymry o hyd ac o hyd, fel y gwyddost ti. Nawr mae ganddo fe hanner cant yn rhagor o filwyr a rhaid i'r rheiny gael bwyd."

"Beth wnawn ni, Ifor?" gofynnodd Nest.

"Wn i ddim. Ar ôl i William fynd â'r ŷd, fydd dim digon ar ôl i ni dros y gaeaf. Fe fyddwn yn llwgu, Nest."

"Fy mhlant bach i," meddai honno gan benlinio yn ei ymyl a syllu i'r fflamau.

Arglwydd Senghennydd, perchennog tir y tu ôl i Gaerdydd oedd Ifor Bach. Ifor ap Meurig oedd ei enw llawn ond cafodd y llysenw gan ei ffrindiau am ei fod mor fyr. Roedd ganddo wraig

75

dlos a thri o blant. I bob golwg, roedd ei fywyd yn braf. Yn wir, fe fyddai'n braf oni bai am Arglwydd Morgannwg.

Gŵr teulu oedd William, hefyd, a chanddo wraig, Hawise, a phlentyn deg oed. Roedd ganddo lond ei gastell yng Nghaerdydd o filwyr; rhai newynog, barus. Doedd dim digon o fwyd i'w gael iddyn nhw.

Meddai ar lawer o dir ei hunan a gweithiai llawer o bobl iddo; rhai ohonyn nhw'n Gymry. Tyfai ŷd bob hydref ym meysydd yr Eglwys Newydd a'r Rhath a Rhymni ac roedd perllannau'r Waun yn enwog.

Gwaetha'r modd, deuai mwy a mwy o filwyr i'r castell o Normandi bob blwyddyn. Doedden nhw byth yn ffermio nac yn dilyn crefft ond doedd mo'u gwell am fwyta. Dyna paham yr oedd William yn galw am fwy a mwy o ŷd byth a beunydd.

Cofiai Ifor yn dda'r diwrnod cyntaf erioed iddo fod y tu mewn i furiau'r castell. Bore o Fai oedd hi. Roedd yn aredig ei dir ger y llys pan ddaeth hanner dwsin o farchogion ato i ddweud bod yr Arglwydd William am ei weld ar unwaith.

Gwyddai na allai wrthod er bod yn gas ganddo'r syniad o gerdded drwy'r clwydi mawr i mewn i gastell Caerdydd. Roedd un o'i gyfeillion gorau, Rhodri, saer coed yn y dre, wedi dweud wrtho amdano:

"Anferth o adeilad, Ifor Bach. Mae'n anodd credu."

"Disgrifia'r lle imi."

"Wel, cyn iti fynd trwy'r porth, mae'r milwyr yn dy archwilio di. Rwyt ti yn y beili allanol wedyn."

"Beth sy arno fe?"

"Maes mawr ydy e, dyna i gyd. Dyna ble mae'r twrnamaint bob gŵyl. Mae ffordd yn mynd drwy'r canol.

"Ai dyna'r cyfan?"

"Twt, nage. Rhaid iti fynd trwy glwyd yn y bangor i feili arall, y beili mewnol. Yna, o'th flaen di mae twmpath anferth ac ar dop hwnnw mae'r gorthwr."

"Un o gerrig, rwy'n deall."

"Ie, un newydd sbon. Mae ffos o'i gwmpas a grisiau'n arwain ato fe sy mor serth â chlogwyn. Yno mae'r arglwydd yn byw; mor ddiogel â llygoden mewn twll."

"Beth oedd dy waith di yn y castell?"

"Ailadeiladu'r gorthwr i ddechrau. Yn union wedi i Robert farw, fe benderfynodd William gael un newydd; un carreg. Mae syniadau modern gan William. Fe ddylet ti weld ei stafell wely."

"Does gen i'r un awydd gweld ei stafell wely na'r un stafell arall, chwaith," meddai Ifor Bach. "Roedd Arglwydd Robert yn garedig. Wn i ddim beth i'w wneud o William. Gall wneud bywyd pawb yn anodd."

Roedd yn iawn. Er ei fod yn ŵr cryf, cofiai iddo golli ei wynt yn lân wrth ddringo'r mwnt anferth i'r gorthwr. Roedd drws derw yn arwain iddo. Doedd neb wrtho pan gyrhaeddodd Ifor ond roedd milwr wrth y drws uwch ei ben, yn edrych allan dros y dref.

Cyn hir, cafodd fynd i stafell hamdden yr Arglwydd William a sefyll o'i flaen.

"Ti yw Arglwydd Senghennydd?" gofynnodd William yn ffurfiol.

"Ie," meddai Ifor Bach. "Ti yw Arglwydd Morgannwg?"

"Mae gen i neges iti."

Cyn iddo ddweud dim arall, meddai Ifor, "Roedd yn flin gen i glywed am farw dy dad, Robert. Gŵr hyfryd, yn ein deall ni'r Cymry. Bu farw'n sydyn."

"Mae'n rhaid i bawb farw. Roedd e'n rhy garedig. Nawr fe fydd pethau'n newid." Yna, gwenodd.

"Beth sy'n bod?" gofynnodd Ifor. Ni welai ddim i wenu yn ei gylch.

"Fe wn i dy lysenw di. Ifor Bach. Ydy pobol yn chwerthin am dy ben di am dy fod mor fach?"

"Na. Fe ddywedodd nhad wrthyf y byddwn i'n falch ryw ddiwrnod fy mod i'n fach; y byddai bod yn fach yn help i fi."

"Iti gael dianc fel llygoden i dwll," meddai William. "Ond ymlaen at fusnes. Rwy'n galw llawer ohonoch chi'r Cymry yma i ddweud y bydd yn rhaid imi gael rhagor o dir gennych chi."

"Ond. . ." dechreuodd Ifor.

Torrodd William ar ei draws: "Rwy'n disgwyl cant o filwyr o Normandi cyn y gaeaf. Milwyr stumogus. Eich tasg chi'r Cymry fydd helpu i roi bwyd iddyn nhw. Mae mwy na digon o dir gennych chi."

Gwyddai Ifor na fedrai wneud dim. Ofnai y byddai William yn gofyn am ragor o dir gyda'r blynyddoedd ac na fedrai'r Cymry ddweud yr un gair gyda'r castell nerthol yn eu hymyl.

Cyn diwedd yr wythnos, roedd rhagor o'i gyfeillion wedi cael eu gwahodd i'r castell i gael stori'r milwyr. Cawsant wybod y byddent yn colli ychydig o'u tir. Roedd pob un wedi dioddef yn dawel achos roedd cyngor Ifor yn ddoeth. "Bydd William wrth ei fodd os ymosodwn ni arno ef," meddai. "Esgus i ladd rhai ohonom a chymryd mwy fyth o dir."

Nawr, gwyddai Ifor na allai ddioddef dim rhagor. Neges ddiweddaraf William oedd yr ergyd olaf. Colli ei ŷd i gyd ar drothwy'r gaeaf. Edrychodd i fflamau'r tân gan fyfyrio. Dechreuai cynllun ffurfio yn ei feddwl yn barod.

Chododd e ddim ar ei draed pan glywodd sŵn carnau nifer o feirch yn dynesu at borth y llys. Gwyddai mai ei gyfeillion oedd yn dod draw, pob un â'i gŵyn.

Rhodri'r saer ddaeth gyntaf, er nad oedd llawer o dir ganddo. Ar ei ôl, daeth Owain a Llywelyn Ddu. Cyn hir, roedd y neuadd yn llawn; pob un wedi gorfod ildio rhywbeth; maes o ŷd, barilau o gwrw neu sacheidiau o afalau.

"Ifor," meddai Owain, "rydyn ni wedi gwrando arnat ti am ormod o amser."

"Does dim angen iti ddweud rhagor," oedd ateb tawel Ifor. "Rydw innau wedi cael colledion fel chi. Rwy'n gorfod rhoi maes o ŷd sy'n barod i'r cryman iddo."

"Beth wnawn ni?" gofynnodd Rhodri.

"Dim ond un dewis sy gyda ni," atebodd Ifor. "Ymosod ar y castell."

Aeth pawb yn fud ond meddai Llywelyn ar ôl ychydig, "Siarad synnwyr, da thi. Byddai angen pum cant o filwyr o leia i ymosod ar y castell."

"Cofia'r ffosydd a'r mwnt a'r gorthwr," meddai Rhodri. "Rwy'n gweithio yn y gorthwr ar hyn o bryd. Mae mor gadarn â chraig."

"Fe wn i ble'r wyt ti'n gweithio," oedd ateb Ifor. "Dyna pam y dywedais i fod yn rhaid inni ymosod ar y castell."

"Rwyt ti'n siarad yn ffôl," oedd ateb Rhodri.

"Wyt," ategodd Nest yn syth. "Diodde. Dyna sy orau."

"Fe fyddwn i'n barod i ddiodde," oedd ateb Ifor, "pe bawn i'n gwybod na fyddai'r Norman yn lladrata rhagor o dir. Rwy'n clywed y bydd mwy o filwyr eto'n dod o Normandi cyn hir."

"Wela i ddim diben mewn ymosod ar gastell a cholli bywyd," meddai Llywelyn Ddu. "Byddai'n well gen i ddiodde."

"Gwrandewch," meddai Ifor. "Mae bywyd yn felys i fi, hefyd. Dwy i ddim am golli mywyd ond rwy'n barod i fod yn gyfrwys."

"Oes gen ti gynllun?" gofynnodd Nest.

"Oes," oedd ateb Ifor. "Rwy'n cofio gorfod mynd i weld William ddeng mlynedd yn ôl; y tro cynta y cymerodd e dir oddi arna i. Fe chwarddodd am 'y mhen i am 'y mod i'n fach. Dwy i ddim wedi anghofio hynny. Mae e'n credu mai dyn twp ydw i."

"Ond beth sy a wnelo hynny ag ymosod ar y castell?" gofynnodd Owain.

"Hyn," oedd ateb Ifor. "Ychydig iawn o'r milwyr sy'n byw yn y castell. Lletya yn y dref maen nhw."

"Maen nhw i gyd yn bwyta'n bwyd ni," sylwodd Nest.

"Digon gwir. Rwy i wedi bod yn gwylio'r muriau yng ngolau'r lleuad. Pur anaml y mae milwyr yn cerdded arnyn nhw. Maen nhw'n eistedd ac yn siarad â'i gilydd."

"Wrth gwrs," oedd sylw Owain. "Does dim byd yn digwydd yno. Does neb wedi ymosod arnyn nhw ers amser."

"Dyna ti wedi ei deall hi," meddai Ifor. "Roedd heddwch rhyngom ni a Robert, tad William, am ei fod yn addfwyn a charedig. Mae heddwch rhyngom ni a William am ei fod yn greulon. Mae'r heddwch yma wedi'i hudo i gysgu."

Rhoddodd Llywelyn Ddu ddarn o bren ar y tân a gofyn yn

dawel, "Beth yw dy gynllun di, Ifor?"

Heb ei ateb, meddai Ifor wrth Rhodri, "Fe wyddost ti am y castell fel cefn dy law. Tyn gynllun ohono fe imi."

"Hawdd," meddai Rhodri.

Â blaen ei ddagr, dechreuodd dynnu cynllun ar lawr pridd y neuadd.

"Dyma wal y ffin." Tynnodd siâp a oedd bron yn sgwâr yn y pridd. "Mae Porth y Gogledd fan hyn." Crafodd groes yn ymyl bwlch yn ei ddarlun.

"Ffordd Caerffili," oedd sylw Owain. "Does yr un ffos i'w chroesi."

"Dydyn nhw ddim wedi codi pont y ffos ers amser, beth bynnag," meddai Rhodri. "Mae'r ffordd yn dod o'r groesffordd ac yn mynd i lawr trwy'r beili allanol; yna, trwy'r glwyd i'r beili mewnol."

"Beth am y milwyr?" gofynnodd Llywelyn.

"Mae'n dibynnu," oedd sylw Rhodri. "Fe fu adeg pan oedd y milwyr yn archwilio pawb. Ambell waith, does neb yn agos i'r lle yn ystod y dydd."

"Ond beth am y nos?" gofynnodd Ifor.

"Ugain, ddim mwy. Rhai ar y muriau, rhai'n cysgu yn yr adeiladau yma yn y beili allanol." Tynnodd lun petryal ar y llawr. "Llety'r marchogion. Fe fues i'n rhoi drws newydd. . ."

"Paid â phoeni am hynny'n awr," meddai Ifor. "Dos yn dy flaen. Cofia mod i wedi gweld tu mewn. Mae'n bwysig i bawb wybod beth i'w ddisgwyl."

"Mae'r beili mewnol fan hyn," meddai Rhodri, "ac yng ngogledd y beili mae pont y ffos. Does neb byth yn codi'r bont." Tynnodd gylch ar y llawr. "Tu draw i'r ffos mae'r mwnt a'r gorthwr. Dyma'r broblem fawr. Mae drws derw i'r gorthwr. Fe fues i. . ."

"O'r gorau," torrodd Ifor ar ei draws eto gan wenu. "Gad y problemau i fi. Wyddost ti ble mae William a Hawise yn cysgu?"

"Mewn stafell ar y llawr cynta."

"Beth am Robert, y mab?"

"Mewn stafell yn eu hymyl nhw."

"Oes yna filwyr?"

"Rwy'n credu mai un milwr sy'n gwarchod y ddau borth. Dwy i ddim yn credu ei fod e wrth y porth drwy'r holl amser."

"I ble mae e'n mynd?"

"Wn i ddim. Clywed y milwyr yn siarad ydw i. Mae na stafell orffwys yn ymyl. Ffrindiau! Fe all fynd i'r tŷ bach! Mae tai bach yn y gorthwr."

"Iawn," meddai Ifor. "Fedrwn ni ddim gwybod popeth a rhaid i bob cynllun wrth dipyn o lwc i lwyddo."

"Beth yw dy gynllun di?" gofynnodd Owain.

"Cipio William, Arglwydd Morgannwg."

"Wyt ti'n dechrau drysu, Ifor? Milwyr wrth borth y gogledd, croesi'r beili allanol yng ngolwg y muriau, croesi'r ffos, dringo'r mwnt, mynd i'r gorthwr a'r llofftydd. Rhagor o filwyr. . ." Trodd ymaith yn chwyrn.

"Mae dwy ffordd o ymosod ar elyn," atebodd Ifor yn dawel. "Gellir casglu byddin, dringo'r muriau, ennill ysgarmes, cadw llawer o sŵn a gobeithio'r gorau. Ar y llaw arall, gall hanner dwsin wneud yr un gwaith os yw'r cynllun yn iawn. Rhodri, mae hynny'n dibynnu arnat ti."

"Fe wnaf i rywbeth o fewn rheswm," oedd ateb hwnnw.

"Fedri di gael hanner dwsin o beisiau'r Normaniaid inni?"

"Fe fydd hynny'n hawdd. Maen nhw'n crogi ar fachau yn llety'r marchogion."

"Rwy i am benwisgoedd hefyd. Does dim rhaid cael helmau."

"Dim problem. Rhywbeth arall?"

"Rwyt ti'n gweithio yn y gorthwr. Ydy hi'n bosib iti ofalu fod dau ddarn hir o bren, dau wryd o hyd, a nifer o ddarnau llai, tua chufydd o hyd, rywle wrth droed y mwnt?"

"Mae'r lle'n llawn coed."

"Beth am raffau?"

"Mae rhaffau o gwmpas bob amser; ond wela i ddim. . ."

"Does neb yn gofyn iti weld dim. Gwrandewch. Wedi iddi hi dywyllu heno, rwy i am i bawb ddod at droed y clogwyn mawr. Rhaid inni ymarfer."

"Gaf fi ddweud un peth, Ifor?" gofynnodd Llywelyn Ddu.

"Wrth gwrs."

"Roedd Arglwydd Morgannwg yn credu dy fod yn dwp. Rwy'n cytuno ag e. Os na ddywedi di ragor, fydda i ddim yn agos at y clogwyn heno."

Gwenodd Ifor ac egluro ychydig ar ei gynlluniau. Ar ôl iddo

orffen, meddai Owain, "Cynllun amhosib. Mae mor amhosib fel na synnwn i fawr pe bai'n llwyddo."

Er hynny, hanner dwsin o gyfeillion ofnus a âi i lawr i Gaerdydd ar gefn eu ceffylau ddau ddiwrnod yn ddiweddarach: Rhodri, Ifor, Owain, Llywelyn Ddu a'u meibion, Dafydd ab Owain ac Iolo ap Llywelyn. Chwech o bobl ond naw o geffylau. Tasg Iolo, ddeuddeg oed, oedd marchogaeth un ceffyl ac arwain tri. Wrth edrych arnyn nhw yn y tywyllwch, gellid credu mai Normaniaid oedden nhw achos gwisgai pob un arfbais y gelyn.

"Rwy'n dal i deimlo'n ffŵl yn y dillad yma," meddai Llywelyn Ddu wrth ddynesu at Gaerdydd.

"Beth amdana i?" gofynnodd Ifor Bach. Roedd y wisg leiaf a gafodd Rhodri lawer yn rhy fawr iddo. Bu'n rhaid i Nest ei thorri ond roedd yn dal yn rhy hir. Edrychai'n iau nag Iolo hyd yn oed.

Cyn hir, roedden nhw yn ymyl y groesffordd heb fod nepell o'r porth. Cododd Ifor ei law ac meddai, "Rhaid inni guddio'r ceffylau yn y llwyni fan hyn. Iolo, wyt ti'n barod?"

Disgynnodd pob un oddi ar ei farch a chymerodd y llanc afwynau pob un. "Pan glywi di gri tylluan," meddai Ifor, "tyrd i'r golwg. Os na chlywi di sŵn cyn i'r lleuad godi, dos i Senghennydd i ddweud ein bod wedi methu."

Oerodd calonnau pawb wrth glywed geiriau Ifor. Roedd pob un wedi mynd dros ei ran yn ei feddwl sawl gwaith ac yn gwybod am bob perygl.

"Dyna ni," meddai Ifor wedyn ar ôl i'r ceffylau fynd i'r tywyllwch. "Pob un i ymddwyn yn hollol naturiol. Mae Ffrangeg pawb yn hen ddigon da."

"*Oui,*" meddai Owain gan geisio bod yn ddigri.

"Cofia ymddwyn fel pe bawn i'n blentyn iti os daw milwr i holi," meddai Ifor.

Cerddodd y pump yn chwim nes iddyn nhw gyrraedd y porth.

Llosgai ffagl yno ond doedd dim sôn am yr un milwr. Yna, wrth iddyn nhw gamu i'r beili, daeth llais uwch eu pennau yn siarad Ffrangeg: "Ble'r ych chi wedi bod?"

Atebodd Ifor ap Meurig fel fflach, "Oes rhaid iti ofyn, a merched mor bert wrth Eglwys Fair?"

"Y cythraul lwcus," atebodd y milwr.

Dechreuodd Llywelyn Ddu ganu cân Ffrengig y clywsai'r milwyr yn ei chanu ar ddydd marchnad.

"Cau dy geg, y ffŵl," meddai Rhodri yn ei Ffrangeg gorau. "Wyt ti am ddeffro pawb?"

"A! Rhaid ichi ddod â merch yn ôl i mi'r tro nesa," meddai'r milwr wedyn. *"Bonne nuit!"*

"Au revoir," atebodd Owain ac ymlaen â nhw.

Doedd yr un milwr wrth borth y beili mewnol. Roedd yn dywyll hollol wrth iddyn nhw ddynesu at bont y ffos ger y gorthwr. Heb ddweud gair, arweiniodd Rhodri nhw at y fan lle'r oedd wedi gadael y darnau pren. Ar ôl iddyn nhw'u cyrraedd, dechreuodd pob un ar ei dasg. Roedden nhw wedi ymarfer adeiladu ysgol mewn tywyllwch ger y llys yn Senghennydd y noson gynt. Doedd dim angen i neb ddweud dim wrth iddyn nhw ddefnyddio'r rhaffau i glymu'r darnau bach wrth y ddau ddarn hir.

Tasg Rhodri oedd dringo at y porth uwchben y drws a mentro i'r gorthwr. Doedd neb ond ef yn gwybod y ffordd. Ar ôl cyrraedd, camodd i mewn i weld un ffagl yn unig yn goleuo'r grisiau.

Brysiodd y lleill i guddio'r ysgol tra oedd yntau'n mynd i lawr at y drws. Cymerodd gwdyn o'i boced a rhwbio saim gŵydd ar bob colyn. Gallai sŵn ddifetha'u cynlluniau. Yna, agorodd y drws derw i ollwng y pedwar arall i mewn. Roedd rhan gyntaf y cynllun wedi gweithio'n berffaith. Roedden nhw yn y gorthwr a neb wedi

eu gweld.

Caeodd Rhodri'r drws ar eu holau a'i gloi drachefn. Tasg Dafydd ab Owain oedd sefyll yn ei ymyl i'w warchod a rhybuddio'r lleill pe deuai perygl. Heb ddweud gair, brysiodd pob un i fyny'r grisiau a cherdded ymlaen at y stafelloedd cysgu. Goleuai un ffagl y cyntedd gan daflu cysgodion hir i gyfeiriad y criw bychan.

O flaen drws stafell gysgu'r Arglwydd William, eisteddai milwr, yn yfed cwrw o fflagen. Fel gweddill milwyr y castell, doedd e ddim yn breuddwydio bod perygl mor agos ato. Roedd y cwrw mor flasus, yn cynhesu'r corff ar noson oer. Yn ei feddwl, diolchodd i'r saer twp hwnnw o Gymro, Rhodri, am ei roi iddo.

Cyn hir, cododd ar ei draed a mynd i gyfeiriad y tŷ bach.

Gan weld ei gyfle, brysiodd Ifor ap Meurig ymlaen ac agor drws stafell wely'r plentyn, Robert. Yna, dychwelodd i'r cysgodion. Edrychai'n debycach i blentyn nag erioed.

Daeth y milwr yn ôl cyn hir. Gwelodd y drws agored yn syth a chipiodd ei ddagr o'i wain. Oedodd am eiliad; digon i Ifor gerdded yn araf tuag ato. Pesychodd.

Gwelodd y milwr ef ac meddai yn Ffrangeg, "Noswaith dda, Robert. Methu cysgu?"

"Oui," atebodd Ifor gan gerdded at y drws.

Gadawodd y milwr iddo fynd heibio a rhoddodd ei ddagr yn ôl yn ei wain. Gwyddai Ifor fod ei eiliad fawr wedi dod. Pe llwyddai'r milwr i alw ar y lleill yn y stafell orffwys, byddai popeth ar ben.

Trodd fel fflach, ei gyllell yn ei law.

Daeth syndod i lygaid y milwr cyn iddyn nhw lonyddu'n sydyn. Gwasgodd Ifor ei law dros ei safn wrth iddo lithro'n dawel i'r llawr. Sychodd y gwaed ym mhais y milwr cyn rhoi'r dagr yn ôl yn ei wain. Yna, fe'i llusgodd i stafell Robert. Daeth Rhodri ac

Owain i mewn ar ei ôl. Roedd eu tasg nesaf nhw'n hawdd.

Aeth Ifor yn ôl i'r cyntedd. Arhosai Llywelyn Ddu amdano. Gwasgodd glicied stafell wely'r Arglwydd William ac i mewn ag e. Wrth iddo'i ddilyn, syllodd Ifor o'i gwmpas. Doedd gan Rhodri ddim syniad ble roedd gwely William.

Roedd lwc gydag e. Goleuai ffagl yn ei chawell yn un o'r muriau. Taflai ddigon o olau iddyn nhw fedru gweld yr arglwydd a'i wraig yn cysgu mewn gwely ger y ffenest.

Bu bron i Ifor Bach chwerthin. Gwisgai'r arglwydd gapan nos coch am ei ben, capan tebyg i gapan corrach. Nid amser i chwerthin oedd hi, er hynny. Gan adael i Llywelyn fynd at ochr yr arglwyddes, plygodd Ifor dros William a gwasgu blaen ei ddagr yn erbyn ei wddw, digon i'w bigo i ddeffro.

Agorodd William ei lygaid yn gysglyd; yna daeth ofn iddynt. Roedd yn ddigon call i weld y perygl wrth i Ifor Bach sibrwd, "Dwy i ddim am ddweud faint o filwyr Senghennydd sy o gwmpas y castell ond os wyt ti am i Robert gadw'i fywyd, rhaid iti wrando. Gwisgwch amdanoch, y ddau ohonoch chi. Rydych chi'n dod gyda ni."

Gwthiodd Llywelyn Ddu Hawise allan o'i gwely heb ddweud yr un gair. Cipiodd hithau fantell i'w thaflu amdani cyn brysio i sefyll yn ymyl ei gŵr ar ganol y llawr. Cadwai hwnnw'i gapan nos ar ei ben o hyd wrth geisio gwisgo'i bais.

Fel sawl dyn creulon arall, roedd William yn ofnus. Sbïai o'i gwmpas heb ddweud dim. Dywedodd Hawise, "Fe wnawn ni bopeth a fynnoch chi, ond arbedwch fywyd Robert."

"Rwy i wedi addo," meddai Ifor. "Mae tynged Robert yn eich dwylo chi eich dau. Bydd un smic yn ddigon i gipio'i fywyd oddi arno."

Gobeithiai ar yr un pryd fod Rhodri ac Owain wedi llwyddo i'w gymryd o'i wely heb lawer o drafferth. Gobeithiai hefyd fod y cwrw wedi sicrhau cwsg trwm i'r milwyr yn eu stafell orffwys. Aeth y fintai fach i lawr y grisiau at y porth. Yno, yn aros amdanynt, roedd Rhodri ac Owain a'r plentyn. Yn union wedi iddyn nhw gyrraedd, agorodd Dafydd y drws a chamodd pob un allan i oerni'r nos. Roedd cadach wedi ei glymu'n dynn am geg y plentyn ond roedd yr arglwydd a'i wraig yn ddigon doeth i gadw'u cegau ynghau wrth iddyn nhw fynd i lawr y mwnt at y ffos.

Daliai ffawd i wenu ar Ifor a'i ffrindiau. Doedd yr un milwr yn cerdded ar y beili allanol yr adeg honno o'r nos ac roedd ffagl Porth y Gogledd wedi hen ddiffodd.

Ar ôl iddyn nhw gyrraedd y groesffordd, chwibanodd Llywelyn Ddu fel tylluan. Arhosodd pawb yn dawel am sbel. Yna, daeth Iolo ap Llywelyn o'r cysgodion. Roedd y naw ceffyl gydag e a'r cynllun wedi gweithio'n berffaith.

Meddai Ifor Bach wrth farchogaeth, "Gyfeillion, ambell dro mae'n well bod yn llwynog nag yn llew."

Does dim llawer o'r stori ar ôl i'w hadrodd. Roedd y wawr wedi torri pan dynnwyd y mwgwd oddi ar lygaid William. Edrychodd o gwmpas y neuadd ddieithr a gweld gwraig a thri o blant yn sbïo arno. Yn eu hymyl, roedd nifer o wŷr, pob un yn dal i wisgo arfbais y Norman. Roedd yn adnabod ambell un ohonyn nhw.

"Ifor Bach," sisialodd rhwng ei ddannedd, "fe gei di dalu am hyn. Fe dynnaf dy eiddo'n sarn a mynd â phob darn o dir oddi arnat ti."

Cerddodd Ifor ato a chipio'i gap nos coch oddi am ei ben. Fe'i rhoes am ei ben ei hun nes ei fod yn disgyn dros ei glustiau. Roedd e'n edrych mor ddigri nes i Nest dorri allan i chwerthin. Cyn hir, roedd pawb ond yr arglwydd a'i deulu'n chwerthin.

"Mae hynny yn dy ddwylo di, William," meddai Ifor. "Mae'n

ddiwrnod marchnad yng Nghaerdydd yfory. Mae gen i stori dda ar gyfer marchnad. Rwy i chwant mynd i lawr i'w hadrodd – sef sut y llwyddodd Ifor Bach a'i ffrindiau i gipio'r Arglwydd William o'i wely yn ei gastell mawreddog. Faint o filwyr dewr sy gen ti yn gofalu amdanat ti, Arglwydd Morgannwg?"

"Cythraul cyfrwys wyt ti, Ifor Bach."

"Y tro diwetha iti sgwrsio â fi, roeddet ti'n chwerthin am fy mhen i am fy mod i'n fach. Fedri di glywed marchogion y Fro'n chwerthin? Synnwn i ddim na fydd y stori wedi cerdded i Normandi erbyn Calan Mai."

Gwyddai William na fedrai wneud dim; na fedrai ddioddef clywed ei holl farchogion yn chwerthin am ei ben. Doedd ganddo ddim dewis.

"Ble mae Hawise a Robert?" gofynnodd.

"Yn iach yn yr hundy. Cewch fynd adre eich tri ar ôl iti addo un peth i fi. Mae'r meirch yn barod. Dŷn ni ddim yn hoffi arogl Normaniaid yn llys Senghennydd."

"Wel?"

"Dy fod yn rhoi pob darn o dir yn ôl i'r Cymry ac yn trefnu i'r Normaniaid roi bwyd ym mol dy filwyr, dyna i gyd."

"Ac os gwrthoda i?"

"Does dim angen dweud beth fydd yn digwydd." Tynnodd Ifor y cap nos oddi am ei ben. "Mae hwn yn brawf imi fod yn dy stafell wely di. Ddywedwn ni'r un gair os gelli di gau dy geg."

"Fe welais i gorff milwr ger drws Robert. Sut y galla i egluro marwolaeth hwnnw?"

"Fe daflodd Rhodri'r corff i lawr i dwll dy dŷ bach newydd di. Gall bydru yno am sbel."

"Rwyt ti wedi meddwl am bopeth, y cadno," meddai William, gan edrych ar y tri Chymro o'i flaen.

"Ydw," atebodd Ifor ond roedd golwg drist yn ei lygaid.

"Wyt ti'n meddwl y bydd e'n cadw'i air?" gofynnodd Rhodri'n ddiweddarach wrth weld y Norman a'i deulu'n carlamu i lawr y cwm.

"Bydd. Mae'n gas gan y Norman weld neb yn chwerthin am ei ben!"

Trannoeth, daeth neges o'r castell. Roedd William am adfer eu tiroedd i'r Cymry ac am anfon rhai o'i filwyr yn ôl i Normandi.

Cadwodd Ifor at y fargen hefyd. Ddaeth neb i wybod pam y cadwai gapan coch ar fur ei neuadd.

Castell Caerdydd

(Gan ymddiheuro i'r felin)

Nid yw'r Norman heddiw'n lordio
Yn y Fro ar lannau'r Taf.
Aeth y gelyn olaf adref
I'w hen dref ers llawer haf.
Nid oes gweision yn y gorthwr,
Nid oes milwr ar y tŵr,
Ni ddaw saeth o'r tyllau saethu,
Mae pob ffos yn ddu, heb ddŵr.

Ifor Bach fu yma'n dringo
Fry i'r gorthwr ar y mwnt,
Twyllo'r marchog, yr hen gadno,
Cipio o'i wâl y Norman brwnt.
Daeth Glyndŵr a'i wŷr i losgi,
Torri'r muriau, tanio'r dre;
A bu milwyr creulon Cromwell
A'u magnelau'n chwalu'r lle.

Ond daeth Bute a'i lu cynlluniau,
Gwelodd aur mewn gweithiau glo.
Gwelodd ffordd i greu gogoniant
At ei ddant mewn tref a Bro.
Codi'r meini, naddu, cerfio,
Peintio'r muriau'n gelfydd, gain,
Estyn croeso neuadd wledda
I gerddorfa bêr ei sain.

Heddiw, does ond ôl ei fawredd
Wrth ford gwledd, ar lawnt a mur.
Ni cheir cip ar arfwisg gelyn,
Ni cheir ôl un bicell ddur.
Ond daw'r Cymry wrth y degau
Â'u ceiniogau at ei ddôr
I gael gweld y llu trysorau
A'r henebau yno'n stôr.

Pwerdy Aberddawan

Wyddech chi?

Fod un o adeiladaethau uchaf Cymru yn sir De Morgannwg.

Simdde ydy'r adeiladaeth hwn; simdde pwerdy Aberddawan yn y Fro. Mae'r pwerdy hwn yn darparu trydan ar gyfer sawl rhan o Dde Cymru. Hwn yw un o bwerdai mwyaf Cymru.

Un o chwedlau'r Mabinogion yw chwedl Geraint ac Enid. Digwydd rhannau ohoni yng Nghaerdydd, prifddinas Cymru. Ceir ychydig o'r chwedl yma.

Geraint ac Enid

Amser maith yn ôl, roedd y Brenin Arthur a'i farchogion mewn llys yng Nghaerllion.

Un prynhawn, roedden nhw'n gwledda o gwmpas y ford gron pan ddaeth gŵr ifanc atyn nhw. Meddai wrth y brenin, "Dydd da iti, Arthur. Mae gen i newydd iti."

"Wn i ddim pwy wyt ti," oedd ateb Arthur.

"Madog ydw i; Madog fab Twrgadarn. Rwy'n gweithio iti yng nghoedwig Dena."

"A beth yw dy newydd di?" gofynnodd Arthur.

"Roeddwn i'n teithio drwy'r goedwig y bore ma pan welais i garw."

"Does dim yn anghyffredin mewn carw," oedd ateb Arthur. "Mae'r goedwig yn llawn o geirw."

"Mae hwn yn wahanol. Mae'n wyn fel eira ac yn gyflymach ar ei droed na'r un carw a welais i erioed."

"Diddorol," meddai Arthur. "Gwrando. Byddaf yng nghoedwig Dena gyda'r wawr yfory. Cawn hwyl ar hela'r carw gwyn."

"Byddaf yno'n aros amdanat ti," meddai Madog fab Twrgadarn.

Roedd Gwenhwyfar, gwraig Arthur, yn eistedd yn ei ymyl. Meddai hi, "Arglwydd, fyddet ti'n fodlon i fi ddod gyda thi yfory? Fe garwn i weld y carw hynod hwn."

"Croeso," atebodd Arthur. "Bydd yn rhaid iti godi cyn y wawr, cofia. Paid â disgwyl i mi dy ddeffro di."

Yna, dywedodd Gwalchmai, un o'r marchogion: "Gan fod hwn yn garw mor anghyffredin, beth am roi'r pen i ryw ferch y mae gŵr yn ei charu'n fawr?"

"Syniad da," atebodd Arthur. "Os daliwn ni'r carw, fe dorrwn ei ben i ffwrdd a chaiff un ohonoch chi wneud hynny."

Chysgodd neb yn esmwyth y noson honno. Disgwyliai pob un am y wawr fel y gallai fynd i'r fforest i hela'r creadur chwim. Ymhell cyn i belydrau'r haul ddisgyn ar ei obennydd, roedd Arthur ar ei draed ac yn gwisgo. Cysgai Gwenhwyfar yn drwm o hyd.

"Mae'n amlwg ei bod wedi anghofio am y carw," meddyliodd, "neu ni fyddai'n cysgu mor drwm. Cystal imi adael llonydd iddi hi."

Yn y cwrt islaw, canodd corn heliwr. Roedd y lleill, hefyd, yn paratoi i fynd. Felly, brysiodd Arthur i'r stabl at ei was. Roedd hwnnw wedi ffrwyno'i farch iddo.

Carlamai'r marchogion allan drwy'r porth a chanai'r cyrn hela pan agorodd Gwenhwyfar ei llygaid. Gwelodd fod ei gŵr wedi codi heb iddi ei glywed. Doedd yr un eiliad i'w cholli, felly, a daeth ei morynion i'w helpu i wisgo.

Aeth morwyn i'r stabl i gyrchu meirch iddyn nhw a dechreuodd un arall gynorthwyo'i meistres i wisgo. Dychwelodd y gyntaf ac meddai, "Dim ond dau farch oedd yn y stabl, arglwyddes. Mae'r helwyr wedi mynd â'r lleill."

"Rhaid iti aros gartre, felly," meddai wrthi. "Rhiannon," meddai wrth y llall, "gwisga dy glogyn a thyrd gyda mi."

Cyn hir, roedd Gwenhwyfar a'i morwyn yn carlamu'n chwim ar hyd glannau afon Wysg ac yn gobeithio cyrraedd coedwig Dena cyn i gyrn yr helwyr ddechrau galw ar y cŵn. Doedden nhw ddim wedi teithio'n bell pan glywsant sŵn carnau march yn dod ar eu holau.

Trodd Rhiannon i weld marchog nodedig o hardd ar gefn march porthiannus. Gwisgai bais a swrcot o bali ac esgidiau cordwal am ei draed. Roedd lliain o borffor glas dros ei farch ag afal aur ar bob cwr iddo. Gwenodd Gwenhwyfar ar ôl iddo'u cyrraedd.

"Dyma un arall sy wedi cysgu'n hwyr," meddai. "Dydd da iti, Geraint fab Erbin."

"Dydd da i tithau, arglwyddes," atebodd y marchog. "I ble'r ei di mor gynnar?"

"Rwy'n gobeithio cyrraedd fforest Dena cyn i Arthur ddechrau hela. Wyt ti hefyd yn dod i hela?"

"Nac ydw, a dydw i ddim wedi cysgu'n hwyr, chwaith," meddai Geraint gan wenu. "Mae'n rhyfedd dy weld gydag un forwyn yn unig."

"Doedd dim ond dau farch yn y stabl," atebodd Gwenhwyfar. "Rwy'n awyddus iawn i weld yr hela."

"Cystal i mi ddod gyda thi am ychydig o'r ffordd," meddai Geraint.

"Diolch," atebodd Gwenhwyfar. "Gyda lwc, fe glywn ni'r cyrn hela cyn hir."

Sŵn arall a glywodd, er hynny, sŵn carnau tri o feirch yn tuthio ar hyd y ffordd. Wrth edrych arnyn nhw'n dynesu ati, ceisiai Gwenhwyfar ddyfalu pwy oedden nhw.

Roedd un march lawer yn harddach na'r lleill. Yn wir, ni fedrai Gwenhwyfar gofio pa bryd y gwelsai farch mor hardd o'r blaen. Gwelodd fod llaid yn drwch ar ei esgeiriau; arwydd ei fod wedi teithio'n bell. Ni fedrai ddweud pwy oedd y marchog gan ei fod yn gwisgo arfwisg a helm a guddiai ei wyneb.

Ar ei ôl, deuai march arall, un llai o gryn dipyn. Roedd corrach ar gefn hwnnw. Edrychai'n ddigri ar farch mor fawr. Cariai chwip yn ei law.

Yn ei ddilyn, roedd march gwych. Cariai hwn wraig dlos; gwraig a wisgai eurwisg o bali.

"Geraint," meddai Gwenhwyfar, "wyddost ti pwy yw'r marchog?"

"Does gen i'r un syniad," atebodd Geraint.

"Dos, Rhiannon," oedd gorchymyn yr arglwyddes. "Gofyn i'r corrach pwy yw'r marchog."

Erbyn hyn, roedd y tri arall wedi arafu yn eu hymyl. Cododd y marchog hynod ei law; arwydd ei fod yn mynd i aros. Safodd y lleill yn ei ymyl.

"Ŵr da," meddai'r forwyn gan fynd at y corrach, "pwy yw dy feistr?"

"Dwy i ddim am ddweud," atebodd hwnnw'n swta.

"Gan dy fod ti mor anghwrtais," oedd ateb Rhiannon, "fe ofynnaf iddo fy hun."

"Na wnei di ddim," meddai'r corrach gan godi ei lais.

"Ond pam?"

"Dwyt ti ddim yn ddigon pwysig i siarad â'm meistr i."

Doedd y forwyn ddim am wrando arno a throdd i edrych ar y marchog. Cododd y corrach ei chwip a'i tharo ar draws ei hwyneb. Tyfodd llinell goch lle y disgynnodd y llinyn a daeth dagrau i lygaid Rhiannon. Doedd hi ddim wedi disgwyl y fath driniaeth.

"Fe'm trawodd," meddai gan droi at ei meistres.

"Beth sy'n bod ar y corrach, yn sarhau dy feistres fel yna?" gofynnodd Geraint fab Erbin yn syn. "Rhaid i mi holi pwy yw'r gŵr dieithr."

"Ie, dos," atebodd Gwenhwyfar. "A rhaid cosbi'r corrach yna. Welais i erioed ŵr mor anghwrtais."

Aeth Geraint at y corrach a gofyn, a'i lais yn dawel, "Wnei di ddweud pwy yw'r marchog, os gweli di'n dda?"

"Na."

"Gan dy fod mor anghwrtais, fe ofynnaf i iddo."

"Na wnei di ddim," oedd ateb y corrach.

"Ond pam?" gofynnodd Geraint.

"Dwyt ti ddim yn ddigon pwysig i siarad â'm meistr i."

"Rwy'n farchog," atebodd Geraint yn chwyrn. Trodd i wynebu'r gŵr dieithr.

Yn union fel o'r blaen, cododd y corrach ei chwip a tharo Geraint ar draws ei wyneb.

Tynnodd y llinyn waed yn syth. Dechreuodd ddiferu ar hyd pais Geraint. Cydiodd yng ngharn ei gledd ond newidiodd ei feddwl yn syth. Roedd yn annheg i farchog ymladd â chorrach. Doedd ganddo'r un arfwisg, chwaith. Gallai'r marchog dieithr ei ladd yn hawdd pe mynnai. Felly, dychwelodd at Gwenhwyfar.

"Doedd gen i'r un dewis," eglurodd, "a minnau heb arfwisg. Ond mae wedi'n sarhau ni'n dau. Rhaid i'r marchog dalu iawn am y sarhad."

"Wrth gwrs," meddai Gwenhwyfar. "Ond beth fedri di ei wneud?"

"Rwy'n mynd i deithio i'r gorllewin i ddechrau. Rhaid imi gael gwybod pwy yw'r marchog cyn gwneud dim."

"Cymer ofal," meddai Gwenhwyfar. "Fe awn ni'n dwy i'r fforest, neu fe fyddwn yn rhy hwyr i'r hela."

Erbyn hyn, roedd y tri marchog dieithr wedi mynd o'u golwg. Doedd neb ond y corrach wedi dweud gair. Dechreuodd Geraint garlamu ar eu holau a'u goddiweddyd. Carlamodd heibio iddyn nhw ond ni cheisiodd yr un ohonyn nhw'i rwystro.

Cyn hir, daeth Geraint at dref ddieithr iddo. Roedd tir gwastad, teg o'i hamgylch ac afon yn rhedeg trwy ei chanol. Yn ei phen draw, roedd caer a chastell. Wrth gerdded heibio i'r tai, ni welai neb yr oedd yn ei adnabod. Gobeithiai weld rhywun a allai roi benthyg arfwisg iddo. Ni allai ymladd â'r marchog heb arfwisg ond ni allai chwaith ofyn i bobl ddieithr am fenthyg dim.

Roedd pob tŷ'n llawn o wŷr arfog. Gwelai darianau'n fflachio yng ngolau'r haul.

Cyn hir, daeth y marchog dieithr a'i ddau gydymaith i'r dref a mynd yn syth i gyfeiriad y castell. Gwelodd rhai o'r bobl nhw'n dod a dechrau bloeddio cymeradwyaeth. Ni thalent unrhyw sylw i Geraint. Aeth yn ei flaen yn araf gan geisio dyfalu o hyd pwy allai'r milwr fod.

Ym mhen draw'r dref, gwelodd lys a oedd yn dechrau dadfeilio. Roedd to'r neuadd yn dyllog ac yn frau. Penderfynodd fynd i mewn.

Doedd dim graen ar ddim. Arweiniai grisiau marmor i lofft uwchben y neuadd. Ar y llofft, eisteddai hen ŵr yn gwisgo dillad carpiog. Er iddo weld Geraint yn sefyll yn y neuadd, ni ddywedodd air am dipyn. Yna meddai, "Beth wyt ti'n ei wneud yn y neuadd, was?"

"Meddwl am le i gysgu heno," atebodd Geraint.

"Mae croeso iti yma. Cei'r gorau o bopeth sy gennym."

"Diolch yn fawr," meddai Geraint. Yna, gwelodd hen wraig yn eistedd yng nghefn y llofft. Gwisgai ŵn a fu unwaith yn hardd. Nawr, roedd yn garpiau amdani. Yn ei hymyl, safai geneth ifanc nodedig o hardd. Gwisgai honno ryw fath o liain; lliain brau yn dechrau dadfeilio. Dringodd Geraint y grisiau i'r llofft atynt.

Ar ôl iddo ddod atyn nhw, meddai'r hen ŵr wedyn, "Does yma'r un gwas i edrych ar ôl dy farch. Rhaid i fy merch wneud hynny."

Cyn i Geraint gael cyfle i ateb, brysiodd y forwyn heibio iddo a mynd draw i'r cyntedd lle'r oedd wedi gadael ei anifail. Dychwelodd ymhen ychydig ac meddai, "Mae'r march yn y stabl. Mae wedi cael gwellt ac ŷd."

"Mae gen i ragor o waith iti," meddai'r hen ŵr. "Dos i'r dre i nôl rhywbeth i'w fwyta. Tyrd â'r bwyd gorau weli di."

"Af yn llawen," oedd ei hateb.

Tra oedd y ferch yn y dre, dechreuodd yr hen ŵr ddweud ei hanes wrth Geraint. Dywedodd wrtho mai ef oedd perchennog y castell unwaith ond i fab ei frawd ei gipio oddi arno.

"Roeddwn wedi ei fagu," meddai'n drist, "ond ar ôl iddo dyfu'n ddyn, casglodd fyddin i ymladd yn fy erbyn. Fi oedd yr iarll."

Cyn hir, daeth y ferch yn ôl o'r farchnad. Roedd ganddi ddarn o gig eidion, costrel o win a thorthau o fara.

"Fedrwn i ddim cael dim byd gwell na hyn," meddai.

"Bydd yn fwy na digon," oedd ateb Geraint.

Aeth y ferch yn syth at grochan a grogai uwchben lle tân y neuadd. Cyn hir, roedd y cig yn ffrwtian ynddo a'r fflamau'n cyrlio amdano. Pan oedd popeth yn barod, aethant i eistedd wrth y ford. Gan mai ef oedd y gwestai, cafodd Geraint eistedd rhwng yr hen ŵr a'r hen wraig. Safodd y ferch i weini arnyn nhw.

Ar ôl gorffen bwyta, adroddodd Geraint hanes ei antur gyda'r marchog a'i ddau gydymaith. Gofynnodd, "Wyddost ti rywbeth amdanyn nhw, hen ŵr?"

"Gwn," oedd ateb yr hen ŵr. "Mae twrnamaint ar lawnt y castell fory. Mab fy mrawd sy'n trefnu'r cyfan."

"Twrnamaint. Diddorol," oedd ateb Geraint. "Beth fydd yn digwydd yno?"

"Byddant yn gwthio dwy fforch i'r ddaear. Rhyngddynt, gosodir gwialen o arian. Ar y wialen, gosodant hebog. Bydd y lawnt yn llawn o wŷr arfog. Bydd y wraig y mae'n ei charu orau yn gwmni i bob un. Y gamp yw ennill yr hebog sydd ar y ffon arian. Am ddwy flynedd o'r bron, y marchog dieithr sy wedi ennill. Os bydd yn ennill eleni, fydd dim rhaid iddo fynd i'r un twrnamaint arall. Anfonir hebog iddo bob blwyddyn a'i enw o hyn allan fydd Marchog yr Hebog."

"Rwy'n gweld," meddai Geraint. "Rhaid iddo dalu ei ddyled i mi a'r Arglwyddes Gwenhwyfar. Mae wedi ein sarhau ni'n dau."

"Gwell iti fynd i'r twrnamaint yfory i'w herio," meddai'r hen ŵr. "Ond na, bydd hynny'n amhosib."

"Pam yn amhosib?" gofynnodd Geraint. "Fe all rhywun roi benthyg arfau imi."

"Mae arfau gen i, ond cyn y gelli di fynd i'r twrnamaint mae'n rhaid iti gael merch yr wyt ti'n ei charu'n fawr yn gwmni iti."

"Gyda'th ganiatâd, hen ŵr," oedd ateb Geraint, "rwy'n barod i fynd â'r forwyn ifanc yma gyda mi. Os enillaf, byddaf yn ei charu tra byddaf byw. Os collaf, fydd y forwyn ddim gwaeth."

Trodd Geraint i edrych ar y forwyn. Gwenodd honno arno ac meddai, "Enid yw f'enw i. Byddaf yn hapus i ddod gyda thi i'r twrnamaint."

"Rhaid iti fod yno gyda thoriad gwawr," meddai'r hen ŵr wedyn, "ar gefn dy farch ac yn dy arfwisg."

"Paham mor gynnar?"

"Dyna'r rheol. Gyda'r wawr, bydd y marchog dieithr yn dweud wrth y ferch y mae'n ei charu fwyaf am gymryd yr hebog oddi ar y wialen arian. Mae'n ymladdwr gwell na'r un y gwn i amdano; felly, fydd neb yn ei hatal. Rhaid i ti ei herio. Byddwn ni'n tri yno gyda thi."

Ni chysgodd Geraint lawer yn ystod y nos. Meddyliai am y marchog dieithr a'i allu mewn twrnamaint. Ni chododd ei galon fore trannoeth pan welodd yr arfwisg y daeth yr hen ŵr â hi iddo. Roedd wedi rhydu mewn segurdod.

Pan gyraeddasant lawnt y castell, roedd yr haul yn codi a thyrfa fawr wedi ymgasglu. Cyn hir, daeth y marchog draw a'r corrach a'r wraig landeg gydag e. Ar ôl cyrraedd yr aderyn a'r wialen arian, meddai wrth y wraig, "Cymer yr hebog."

"Na," meddai Geraint gan gamu ymlaen. "Aros funud."

Dechreuodd y dyrfa sibrwd. Doedd neb wedi disgwyl hyn. Edrychodd pob un ar y marchog a gamai ar draws y borfa. Dechreuodd rhai wenu wrth weld y rhwd ar ei arfwisg. Yna, cyfarchodd Geraint y wraig: "Mae yma forwyn sy'n decach na thi a chanddi fwy o hawl i'r hebog."

Trodd y marchog dieithr i'w wynebu ac meddai'n chwyrn, "Os wyt ti'n hawlio'r hebog, rhaid iti ymladd amdano."

Paratôdd y marchogion a'u gwragedd yn falch ar gyfer ysgarmes er y credai pob un mai'r marchog dieithr fyddai'n ennill.

Ar ôl i'r meirch duthio am rai gwrhydau, troesant a charlamu'n chwim at ei gilydd. Cododd y ddau farchog eu picelli'n barod i daro. Wrth iddyn nhw ymosod ar ei gilydd, torrodd yr arfau yn eu hanner.

Digwyddodd hyn bedair gwaith. Ambell dro, edrychai fel pe bai'r marchog dieithr yn ennill. Ar adegau felly, codai'r iarll ifanc ei lais a gwaeddai'r dyrfa. Dro arall, edrychai fel pe bai Geraint yn cael y trechaf. Ar adegau felly, gwaeddai'r hen ŵr a'r hen wraig ac Enid. Edrychai'r iarll ifanc yn gas ar ei ewythr pan ddigwyddai hynny.

Ar ôl y pedwerydd cyrch, meddai'r hen ŵr wrth Geraint, "Mae gen i bicell a oedd yn fy nwylo pan ges i fy ngwneud yn farchog. Mae'n hen ond yn flaenllym a chryf. Cystal i ti ei chael."

Yr un pryd, aeth y corrach at ei feistr ac meddai, "Dyma bicell arall eto iti. Welais i erioed o'r blaen ŵr sy'n ymladd gystal â hwn."

Yn ystod y pumed cyrch, trawodd picell Geraint ganol tarian y marchog a'i hollti'n ddwy. Aeth yn ei blaen a rhwygo'r cyfrwy. Parodd hyn i'r marchog syrthio i'r ddaear yn bur ddrwg ei dymer. Doedd neb o'r blaen wedi ei daro oddi ar ei farch.

Disgynnodd Geraint yn ei ymyl gan dynnu ei gledd o'i wain. Aeth y brwydro'n ffyrnicach nag erioed. Gyda phob ergyd, torrai ychydig o arfwisgoedd y ddau farchog. Cyn hir, roedd golwg druenus ar y ddau.

Gwaeddodd yr hen ŵr ar Geraint, "Cofia i'r corrach dy sarhau di. Cofia iti ddod yma i ddial y cam a gafodd Gwenhwyfar."

Cofiodd Geraint a chael nerth newydd. Camodd ymlaen gan godi ei gledd uwch ei ben. Fe'i trawodd yn erbyn helm y marchog nes i honno hollti. Syrthiodd y marchog ar ei liniau gan daflu ei gledd i ffwrdd. Gwyddai ei fod wedi colli'r dydd.

"Maddau imi," meddai, o hyd ar ei liniau.

"Fe gei di faddeuant ar un amod," oedd ateb Geraint.

"Beth yw'r amod?"

"Rhaid iti fynd at yr Arglwyddes Gwenhwyfar i ddweud dy fod

yn edifarhau iti adael i'r corrach ei sarhau."

"Fe wnaf hynny."

"Dos ar gefn dy farch y munud yma. Dwyt ti ddim i ddisgyn oddi ar dy farch nes iti gyrraedd llys y Brenin Arthur yng Nghaerllion."

"Fe wnaf hynny, ond dywed, pwy wyt ti?"

"Geraint fab Erbin. Pwy wyt ti?"

"Edern fab Nudd. Nawr, fe af. Diolch iti am faddau imi."

Cafodd gymorth i farchogaeth ei farch. Esgynnodd ei wraig a'r corrach ar gefn eu meirch hwythau a mynd allan o'r dref. Cyn iddyn nhw fynd o'r golwg, daeth yr iarll ifanc ymlaen at Geraint. Roedd yn llawn o groeso.

"Rhaid iti ddod i'r castell, farchog dewr. Cei wledd a gwely esmwyth i gysgu ynddo heno."

"Mae gen i lety," atebodd Geraint yn swta.

"Yna, gad imi yrru gweision draw yno. Fe gânt ddod â llawer o bethau da iti. Gallant hefyd drefnu iti gael llond baddon o ddŵr cynnes i olchi ymaith dy flinder."

"Diolch," meddai Geraint. "Byddaf yn dychwelyd i'r llety yn y man. Cyn hynny, carwn i Enid a'm cyfeillion newydd ddangos y dre imi."

Pan ddaeth Geraint a'r lleill yn ôl i'r llys, gwelsant fod gweision yr iarll ifanc wedi bod yn brysur iawn. Roedd gwledd ar y ford a baddon yn llawn o ddŵr cynnes ar y llofft. Yn ei ymyl, roedd dillad newydd, glân. Ar ôl iddo ymolchi a gwisgo, teimlai Geraint fel dyn newydd.

"Mae gen i ddillad i f'ewythr a'm modryb ac Enid," meddai'r iarll. "Dillad newydd o bali."

"Dwy i ddim am i Enid newid ei dillad," oedd ateb Geraint. "Rwy i am iddi hi barhau i wisgo'r lliain gwyn, carpiog."

"Os dyna yw dy ddewis di," meddai'r iarll gan grychu ei dalcen mewn penbleth. "Mae'r wledd yn barod."

Wrth fwrdd y wledd, eisteddodd yr iarll ifanc yn ymyl Geraint. Eisteddodd yr hen ŵr yr ochr arall iddo gyda'i wraig yn ei ymyl. Eisteddodd Enid, ei ferch, yn ei hymyl hi.

Ar ôl iddyn nhw orffen bwyta, meddai'r iarll ifanc, "Yfory, mae'n rhaid iti ddod i'r castell, Geraint fab Erbin. Dyw lle fel hwn ddim yn ddigon da iti."

"Na," oedd ateb Geraint. "Yfory, rwy'n mynd i lys y Brenin Arthur yng Nghaerllion, fi ac Enid."

"Ond gad imi wneud rhywbeth i ddangos fy mod yn falch ohonot," meddai'r iarll.

"Wrth gwrs. Mae arnat ddyled i'w thalu," meddai Geraint yn swta. "Mae tad a mam Enid wedi bod yn dlawd yn ddigon hir o'th achos di. Byddaf yn dweud yr hanes wrth Arthur a'i farchogion."

"Na, na, does dim rhaid iti wneud hynny," atebodd yr iarll yn frysiog. "Gwrando. Roedd bai arnaf. Rwy'n barod i fod yn deg. Caiff bopeth a gymerais oddi wrtho'n ôl."

"Iawn," atebodd Geraint, "a rhaid i'th farchogion i gyd dalu gwrogaeth iddo. Ef fydd yr iarll o hyn allan, nid ti."

"Os dyna yw dy ddymuniad," meddai'r gŵr ifanc yn drist.

Gwelai nad oedd dim arall y gallai ei wneud. Fyddai ganddo ef a'i farchogion ddim gobaith yn erbyn Arthur a marchogion y ford gron. Byddai'n rhaid iddo ildio'r castell a'r tir − popeth.

Roedd yr hen ŵr wrth ei fodd. Meddai, "Wn i ddim sut y gallaf ddiolch iti, Geraint fab Erbin."

"Rwyt ti wedi talu imi'n barod," atebodd Geraint, gan wenu ar y ferch a safai yn ei ymyl. Hi oedd yr unig un o'r cwmni na wisgai ddillad gwych. "Dy bicell di a helpodd i drechu Edern fab Nudd. Rwyt yn rhoi Enid imi'n wraig. Yfory, byddaf yn ei chyflwyno i Arthur."

Doedd hwnnw, wrth gwrs, ddim yn gwybod am y twrnamaint.

Bu ef yn treulio llawer o'i amser yng nghoedwig Dena'n chwilio am y carw gwyn. Bu'n chwilio am oriau hirion cyn dod o hyd iddo. Yr unig un oedd yn falch o hynny oedd ei wraig, Gwenhwyfar. Roedd hi a'i morwyn wedi marchogaeth yn bell i ganol y goedwig cyn i neb gael cip ar y carw. Roedd yn ymyl, hefyd, pan yrrodd Arthur y cŵn ar ei ôl.

Mae'n wir fod y carw gwyn yn chwim ond roedd cŵn Arthur yn helgwn tan gamp. Fuon nhw ddim yn hir cyn ei yrru tuag at eu brenin. Â'i gleddyf, Caledfwlch, torrodd ei ben i ffwrdd. Ar unwaith, daeth un o'r marchogion ymlaen ato ac meddai'n falch: "Cofia d'addewid, Arthur. Rhaid rhoi pen y carw i ferch y mae un o'r marchogion yn ei charu'n fawr."

"Wrth gwrs," meddai Arthur. "Nawr, pwy sydd i gael y pen?" Dechreuodd y marchogion ddadlau ymhlith ei gilydd yn syth. Mynnai pob un mai ei wraig neu ei gariad ef a ddylai gael y pen. Yna, torrodd Gwenhwyfar ar draws y siarad. Meddai, "Mae gen i syniad gwell."

"A beth yw dy syniad di?" gofynnodd Arthur.

"Rwy'n cynnig ein bod yn mynd â'r pen gyda ni i'r llys a'i gadw yno nes y daw Geraint fab Erbin yno."

"Syniad da, arglwyddes," atebodd Arthur. "Awn yn ôl i'r llys."

"Gosod filwyr ar y muriau," meddai Gwenhwyfar wedyn. "Rhaid i'r milwr cyntaf a wêl y marchog frysio i ddweud wrthyt ti."

Roedd yn hanner dydd trannoeth cyn i'r un milwr weld dim. Pan welodd dri march yn tuthio tua'r llys, brysiodd i'r neuadd ac meddai, "Mae marchog ar y ffordd yma."

"Ai Geraint fab Erbin yw ef?" gofynnodd Arthur.

"Na. Mae gwraig landeg a chorrach yn gwmni iddo. Mae golwg drist ar ei wyneb."

Eglurodd Gwenhwyfar bopeth i Arthur ac meddai, "Mae'n

rhaid bod Geraint fab Erbin wedi dial am y sarhad a gefais gan y corrach."

Gyda hyn, daeth milwr arall i'r neuadd ac meddai, "Mae Edern fab Nudd wrth y porth. Mae'n gwrthod disgyn oddi ar ei farch nes iddo gael gair â'r Arglwyddes Gwenhwyfar."

Gwenodd Gwenhwyfar. Rhaid bod Geraint wedi ei goncro'n llwyr. Ar ôl iddi hi gyrraedd y glwyd, gwelodd fod hynny'n wir. Doedd hi erioed o'r blaen wedi gweld arfwisg mor chwilfriw. Roedd y corrach yn dawel ar ei farch; heb yr un chwip.

Ar ôl i Edern orffen ei stori, gofynnodd Gwenhwyfar iddo: "Ym mhle y digwyddodd hyn?"

"Mewn tref o'r enw Caerdydd, arglwyddes. Doedd neb gydag e ond hen ŵr a hen wraig a geneth landeg. Bydd yma gyda'r wawr yfory."

Erbyn hyn, roedd y brenin wedi cyrraedd y porth. Meddai, "Fe wn i pwy wyt ti. Edern fab Nudd, a dyna olwg druenus sy arnat ti. Rwyt ti wedi gofyn am faddeuant a'i gael. Nawr, cei gyfle i ymolchi a daw gwas i drin dy glwyfau. Bydd croeso hefyd i'th was a'th wraig."

Ar ôl iddi glywed stori'r marchog, ni fedrai'r wawr dorri'n ddigon cynnar i Gwenhwyfar. Roedd am wybod a fyddai'r eneth landeg yn dod i'r llys gyda Geraint. Bu'n rhaid iddi aros tan hanner dydd, er hynny, cyn i filwr ddod i ddweud bod dau geffyl yn tuthio'n gyflym ar hyd y ffordd.

Brysiodd at y porth cyn iddo orffen adrodd ei stori. Roedd yno pan gyrhaeddodd Geraint ac Enid ac meddai, "Croeso i lys Arthur." Daeth gweision i ofalu am eu ceffylau cyn iddyn nhw ddod gerbron y brenin. Meddai Gwenhwyfar wrth Geraint, "Rydym wedi cael llawer o'r hanes gan Edern fab Nudd ond wyddom ni ddim am y wraig landeg."

"Enid yw ei henw," meddai Geraint. "Enid ferch Ynwl, iarll

sy'n byw yng nghastell Caerdydd. Carwn gael caniatâd Arthur i'w phriodi."

"Cei fy nghaniatâd yn llawen," meddai Arthur wrtho. "Rhaid dwyn y llieiniau gorau allan ar gyfer eich ystafell wely heno. Ond cyn hynny, rhaid inni gael gwledd – gwledd i ddathlu priodas Geraint ac Enid."

"Mae un peth eto i'w wneud," meddai Gwenhwyfar.

"Beth yw hwnnw, arglwyddes?" gofynnodd Arthur.

"Mae pawb wedi anghofio am ben y carw hynod."

"Y pen i'w roi gan ŵr i ferch y mae'n ei charu'n fawr. Wrth gwrs. Medraf ddarllen dy feddwl, Gwenhwyfar. Rhaid i Geraint roi'r pen i Enid."

"Fedraf fi ddim meddwl am ddewis gwell," oedd ateb yr arglwyddes.

A dyna fel y bu. Yn ystod y wledd y noson honno, cafodd Enid ei hanrheg, ac yn ei gwisg newydd o bali drud, edrychai'n harddach nag erioed.

Wyddech chi?

Fod Amgueddfa Genedlaethol Cymru (gan gynnwys yr Amgueddfa Werin a'r Amgueddfa Diwydiant a Môr) yn sir De Morgannwg. Daw miloedd o bobl i ymweld â'r amgueddfeydd yma bob blwyddyn.

Yn yr Amgueddfa Diwydiant a Môr

Yr Amgueddfa Genedlaethol

SOCIET
PEUGEOT
PATRICK PATRICK
NORWICH U
ON
DANEPAK DANEPAK
meublena meublena

Cais i Gymru

Tîm ein gwlad yn y Stadiwm,
Eang lain, a'r sgrym ynghlwm;
Mae bloedd y lluoedd yn llon,
Yn ysu am guro'r Saeson;
Hwrê nawr i'n harwyr ni,
Ymlaen i'r "slam" eleni.

Yn y man dyma'r bêl ma's
I'n mewnwr, gwych gymwynas!
Yntau'n rhoi pas i'r maswr,
Hwnnw'n ei dal, mae e'n dŵr.
Bloeddia un, "Dyna bêl dda!
Rho hi'n neis i'r un nesa!"
O law i law talihô,
Heclwch y rhai sy'n taclo!
Allan i'r chwim asgellwr,
Di-ail gamp fydd dal y gŵr;
Gwêl hwn â rhyw sigl heini
Yn troi hwnt, yn twyllo tri!
Fel dewin tua'r llinell,
Llam a herc, a'r lleill ymhell,
Ni ellir ei ddal bellach,
Mae'n sgorio, O! boio bach!
Yna, ei throsi'i hunan,
Hyfryd wefr, mae'r dorf ar dân!
O! Ewch rhagoch y cochion,
Awr wych i Gymry yw hon!

W. Rhys Nicholas

Heddiw, mae pob un sy'n byw yng Nghymru'n cael addoli fel y mynn.
Mae rhai'n mynd i gapeli a rhai'n mynd i eglwysi. Dyw rhai ddim yn
mynychu addoldai o gwbl.

Ers llawer dydd, roedd y stori gryn dipyn yn wahanol. Ar un adeg,
roedd pob un a ddymunai ddilyn ffydd Eglwys Gatholig Rhufain
neu'r Eglwys Babyddol yn cael ei erlid. Ceir hanes rhai o'r bobl hynny
yn y stori hon.

Celwyddau

"A maddau i ni ein dyledion, fel y maddeuwn ninnau i'n
dyledwyr," meddai'r Tad Philip Evans gan gau ei ddau lygad yn
dynn.

Pe bai ei lygaid ar agor, byddai'n edrych ar stafell fyw
gyffyrddus mewn tŷ mawr ym Mro Morgannwg. Byddai'n
edrych ar nifer o bobl, pob un ar ei liniau, pob un yn adrodd
Gweddi'r Arglwydd gydag e.

Ni fyddai wedi gweld popeth, er hynny.

Pe bai wedi medru gweld trwy'r muriau, byddai wedi gweld
nifer o filwyr yn cuddio yn y cysgodion o dan y coed, yn syllu ar y
ffenest. Roedd yn amhosib dweud beth oedd yn digwydd yr ochr
draw iddi gan fod y llenni trymion yn cuddio popeth.

"Mae'n rhaid bod rhywun yn gwylio yn rhywle," meddai un
o'r milwyr. "Os na ddeuwn ni o hyd i hwnnw, fedrwn ni mo'u dal
nhw."

Yr oedd rhywun yn gwylio; roedd hynny'n wir. Wrth ffenest yn
ymyl y simdde, safai llanc, yn edrych allan ar y lawnt. Ei unig
waith oedd gwylio, gwylio i weld a oedd gelyn yn ymyl. Roedd ei
lygaid mor graff â llygaid y cathod a grwydrai drwy'r stafelloedd.
Roedd ei glustiau mor effro â chlustiau'r un ci.

Yn sydyn, gwelodd rywbeth yn symud yn y cysgodion. Ar yr un

pryd, cyfarthodd ci yn y sgubor. Roedd hynny'n ddigon. Trodd a brysio i lawr y grisiau.

Rhuthrodd i mewn i'r stafell gan weiddi, "Gelyn."

Gwyddai pob un beth i'w wneud. Cymerodd un y groes aur oddi ar y ford ac aeth rhywun arall â'r canhwyllau a'u diffodd. Aeth un arall wedyn â'r Beibl. Agorodd un banel a oedd yn ymyl y lle tân, panel a guddiai stafell ddirgel. Rhuthrodd rhai o'r bobl i mewn i'r tywyllwch. Wrth geisio'u dilyn, baglodd y Tad Philip Evans ar draws stôl a syrthio ar ei hyd ar lawr. Saethodd poen trwy ei goes.

"Caewch y panel," meddai, "neu fe fydd yn rhy hwyr."

Ufuddhaodd rhywun.

Pan ruthrodd y milwyr i'r stafell, eiliadau'n ddiweddarach, gwelsant deulu cyffredin yn treulio'r noson ar eu haelwyd. Eisteddai dau o blant ar y mat o flaen y tân yn darllen. Eisteddai gwraig y tŷ wrth y ford yn brodio. Yn ei hymyl, roedd Philip Evans, yn tynnu'n ysgafn ar dannau'r delyn. Ceisiai beidio â dangos bod poen yn saethu trwy ei goes o hyd. Eisteddai gŵr y tŷ yn y gadair freichiau, yn ysmygu'n braf. Cododd ar ei draed yn chwyrn pan welodd y milwyr.

"Beth yw ystyr hyn?" gofynnodd.

Syllodd un o'r milwyr o'i gwmpas heb ddweud gair. Yna, camodd i ganol y stafell gan ffroeni'r awyr. Meddai'n falch, "Canhwyllau. Rwy'n medru arogli gwêr canhwyllau."

"Wrth gwrs," meddai gŵr y tŷ. "Mae'r morynion newydd fynd i'r gwely. Beth yw eich neges chi?"

"Dydyn ni ddim yn dwp," oedd yr ateb chwyrn. "Rwy'n credu fod y tŷ yma'n cael ei ddefnyddio i gynnal gwasanaethau pabyddol."

"Wyt ti'n gweld olion gwasanaeth?" gofynnodd gŵr y tŷ.

"Na." Camodd y milwr o gwmpas y stafell gan daro ar y paneli.

115

"Mae stafell gudd yma yn rhywle, rwy'n siŵr o hynny. Rwy'n siŵr, hefyd, fod un ohonoch chi wedi bod yn gwylio'n ddiweddar." Plygodd wrth ymyl un o'r plant a gofyn, "Fuost ti'n gwylio heno?"

"Naddo, syr. Dwy i ddim yn deall," meddai'r llanc, gan edrych yn ddiniwed. Crynai mewn ofn, er hynny.

Aeth milwr at y telynor a oedd yn dal i eistedd yn ei gadair yn y gornel dywyll.

"Od. Pwy wyt ti?"

"Y telynor, pwy arall?" meddai gŵr y tŷ.

"Cod ar dy draed. Gad imi dy weld ti," oedd ateb y milwr.

Gwyddai Philip nad oedd dim dewis ganddo. Daeth i ganol y stafell.

"Hm! Telynor cloff. Fe glywais sŵn cadair yn symud wrth imi ddod drwy'r cyntedd. Dos at y lamp, imi gael golwg iawn ar dy wyneb."

Ufuddhaodd yr offeiriad.

"Wel, wel," meddai'r milwr yn falch. "Dyma fi wedi dal y llwynog yn ei ffau. Philip Evans, yr offeiriad pabyddol."

"Roedd e yma am damaid o swper," meddai gŵr y tŷ gan symud ato. "Dydy hynny ddim yn bechod. Roedd yn canu'r delyn i'n diddanu ni."

"Rwy'n iawn, felly," oedd ateb y milwr. "Philip Evans wyt ti."

"Ie," meddai'r offeiriad.

"Yna rhaid iti ddod gyda mi."

"I ble? Dwy i ddim wedi gwneud unrhyw ddrwg."

"Mae cyfaill iti yng nghastell Caerdydd. Offeiriad pabyddol arall. Ei enw yw John Lloyd. Fe fydd wrth ei fodd yn cael sgwrs â thi, rwy'n siŵr."

"Nawr, gwrando," meddai gŵr y tŷ.

"Dyna ddigon," torrodd milwr ar ei draws. "Crogir

pabyddion, fe wyddoch hynny. Oes rhywun yma am gael ei grogi?"

Aeth pobman yn dawel. Ni chlywid dim ond sŵn y cloc wyth niwrnod yn tician yn ei gornel. Yna, ar ôl ysbaid o dawelwch, meddai'r milwr wedyn, "Os oes gennych chi rywbeth i'w ddweud, gellwch ei ddweud yn y llys barn."

"Na, cyn ichi fynd," meddai gŵr y tŷ, "fe garwn i'r offeiriad gael hon."

Cymerodd delyn fechan o'r llwyfan isel ger y tân a'i rhoi yn llaw ei gyfaill. "Fe elli di ganu hon yn well na neb arall y gwn i amdano," meddai.

"Diolch iti, ŵr da," meddai Philip, gan gymryd y delyn fechan yn ei ddwylo.

Llai na dwy awr yn ddiweddarach, roedd Philip Evans yn disgyn oddi ar ei farch ger porth castell Caerdydd. Doedd e erioed yn ei fywyd wedi bod y tu mewn i'r adeilad er iddo fod yn ei ymyl droeon. Doedd dim graen da arno. Newydd orffen oedd y rhyfel ac roedd powdwr gwn wedi difetha llawer o'r muriau. Roedd y tŵr, er hynny, mor gadarn ag erioed; ac i'r gell o dan y tŵr hwnnw, y Tŵr Du, y cafodd Philip Evans fynd.

Safodd yn y tywyllwch am ychydig heb ddweud gair. Ni fedrai weld dim. Eto, synhwyrai fod rhywun yn y gell gydag e.

"John? John Lloyd?" gofynnodd.

"Pwy sydd yna?" meddai llais.

"Y Tad Philip Evans."

"Philip, fachgen, tyrd yma imi gael gafael yn dy law di."

Yn yr afagddu, daeth y ddau at ei gilydd a chofleidio.

"Ble cefaist ti dy ddal, fachgen?"

Dywedodd Philip ei stori mewn ychydig eiriau. "Anlwc oedd y cyfan," meddai wrth orffen. "Welais i mo'r stôl ar ganol y llawr, ac fe wyddwn na fedrwn i ddim mynd drwy'r panel i'r stafell gudd. Roeddwn i'n gobeithio na fyddai neb yn fy nabod i yn y tywyllwch."

"Mae gan ein gelynion ysbïwyr ym mhobman," meddai John Lloyd.

"Beth ddigwyddodd i ti?" gofynnodd Philip.

"Doeddwn i ddim yn cynnal gwasanaeth," meddai John Lloyd wrtho. "Roeddwn i'n swpera ym Mhen-llin yn y Fro pan ruthrodd milwyr i'r tŷ. Fe fuon nhw am sbel yn taro'r parwydydd, yn chwilio am stafell gudd; ond ddaethon nhw ddim o hyd iddi."

"Ond pam mynd â thi i ffwrdd heb brawf?" gofynnodd Philip.

"Mae pawb yn ofni pabyddion, Philip, fel y gwyddost. Dydyn nhw ddim yn chwilio am brawf, dim ond yn taflu pobl i garchar. Nawr, dyma ni ein dau yn y Tŵr Du, dim ond am ein bod yn addoli Duw yn ein ffordd ein hunain."

"Fe allai fod yn waeth," meddai Philip gan wenu yn y tywyllwch. "Gwrando."

Tynnodd ar dannau'r delyn.

"Telyn? Ble cefaist ti hi?"

"Ces ddod â hi gyda mi. Nawr, beth am alaw cyn inni gysgu? Gallwn barhau i siarad ar ôl i'r wawr dorri."

Tynnodd felodi araf o dannau'r delyn.

Hyd yn oed ar ôl i'r wawr dorri, doedd fawr ddim golau yn y gell fechan yn y Tŵr Du. Llifai pelydryn o olau drwy dwll sgwâr i ddweud wrth y ddau garcharor fod trigolion Caerdydd yn mynd o gwmpas eu gwaith.

Daliai Philip Evans i ganu ei delyn o hyd, ac er bod y muriau'n drwchus, treiddiai'r sain drwyddyn nhw. Medrai'r bobl ei chlywed wrth gerdded heibio.

Un o neuaddau pwysicaf y dref y bore hwnnw oedd y Neuadd Sir ar lawnt y castell. Dyma ble y câi'r llys barn ei gynnal. Byddai'r llys yn cyfarfod bob amser y byddai carcharorion yn y gell, a'r bore hwnnw roedd dau ŵr pwysig dros ben yn aros am eu tynged, dau a oedd yn waeth na lladron − dau offeiriad pabyddol.

Roedd y cloc ar Neuadd y Dref yn dweud ei bod yn ddeg o'r gloch pan gafodd y ddau eu dwyn allan o'u cell a mynd o flaen yr ustusiaid. Caent drafferth i agor eu llygaid yn haul llachar Gorffennaf ar ôl tywyllwch y gell.

Eto i gyd, medrai'r ddau adnabod llawer o'r bobl a oedd wedi dod i lawnt y castell i'w gweld yn cael eu cymryd i'r Neuadd Sir. Gwenodd John a Philip ar nifer ohonyn nhw ond ni wenodd neb yn ôl. Doedd hi ddim yn ddiogel dangos cyfeillgarwch â Chatholigion. Cyn hir, roedd popeth yn barod.

Galwodd un o swyddogion y llys am dawelwch a daeth y barnwr i'w le. Edrychodd am ychydig ar y ddau offeiriad ifanc yn sefyll yn syth o'i flaen. Yna, arwyddodd i'r llys ddechrau.

Cyn hir, daeth y tystion gerbron i roi tystiolaeth. Meddai un o wŷr y gyfraith:

"Gwyddwn fod y Tad Philip Evans yn bwriadu cynnal gwasanaeth mewn tŷ arbennig yn y Fro. Euthum yno gyda'r milwyr ac edrych drwy'r ffenest."

"Hanner munud," torrodd y barnwr ar ei draws. "Oedd hi'n dywyll?"

"Yn dywyll iawn, syr."

"Oedd llenni dros y ffenest?"

"Oedd, syr, llenni trymion, ond doedden nhw ddim wedi cael eu tynnu'n glos at ei gilydd. Roedd hi'n bosib gweld ychydig."

"A beth welaist ti?"

"Bord. Ar y ford, roedd croes a chanhwyllau a Beibl. Roedd y Tad yn gweddïo."

"A beth ddigwyddodd wedyn?"

"Fe wyddwn fod gan ŵr y tŷ wyliwr yn rhywle. Euthum i mewn i'r tŷ a doedd dim sôn am ddim. Dim croes, dim Beibl, dim cannwyll, ond roedd arogl gwêr cannwyll yn gryf yn yr awyr."

"Rwy'n gweld."

"Ac roedd yr offeiriad yn esgus canu'r delyn mewn cornel dywyll."

"Wyt ti'n gwadu hyn?" gofynnodd y barnwr i Philip Evans.

Gwyddai hwnnw mai celwydd oedd y cyfan; na fedrai neb weld dim rhwng y llenni trymion. Gwyddai, hefyd, mai gwastraffu amser fyddai gwadu. Roedd tystion bob amser yn dweud celwydd wrth gyhuddo offeiriad pabyddol. Felly, ni ddywedodd air.

"Does gen ti ddim i'w ddweud, felly?"

Nid atebodd Philip.

"Does dim angen gwastraffu rhagor o amser y llys, felly. Dewch â'r carcharor nesaf ymlaen."

Digwyddodd yr un peth i John Lloyd. Roedd hi'n hawdd dod o hyd i dyst i ddweud celwydd. Roedd popeth ar ben mewn llai nag awr.

Meddai'r barnwr wrth derfynu, "Mae'r stori'n glir. Rydych chi eich dau wedi bod yn cynnal gwasanaethau Catholig ym Morgannwg. Mae'r tystion wedi'ch cyhuddo a dydych chi ddim wedi gwadu'r cyhuddiadau. Rhaid ichi ddychwelyd i'ch cell, ond y tro hwn bydd cadwynau haearn am eich coesau a'ch dwylo. Ymhen yr amser, byddwch yn cael eich cymryd i Faes y Crogi ar y Waun Fach. Fe'ch crogir chi yno."

"Gaf fi un gymwynas?" gofynnodd Philip.

"Beth?"

"Paid â rhoi cadwynau am fy ngarddyrnau. Gad imi fedru canu'r delyn."

Edrychodd y barnwr yn syn arno. Doedd e ddim wedi disgwyl y fath gais. Cytunodd.

Cyn hir, daeth y gof i'r gell i roi'r cadwynau trymion wrthyn nhw. Cyn iddo fynd, meddai Philip, "Gad imi weld a fedra i ganu'r delyn cyn iti fynd, ŵr da."

Tynnodd felodi hyfryd o'r delyn. Ni allai neb ddweud ei fod ar ei ffordd at y crocbren. Roedd golau rhyfedd yn ei lygaid.

Gwawriodd yr ail ar hugain o Orffennaf, mil chwech saith naw yn braf. Tywynnai'r haul wrth i'r ddau gael eu cymryd o'r gell a'u rhoi yn y gert i'w cludo i Faes y Crogi. Roedd ei delyn fach o hyd yn nwylo Philip. Aethant i lawr y brif heol. Ar ôl cyrraedd ei gwaelod, trodd y gert i'r chwith a mynd ar hyd lôn lychlyd trwy gaeau agored. Safai tyrfa ar fin y lôn yn syllu arnyn nhw'n mynd. Roedd hwn yn ddiwrnod wrth eu bodd. Roedd crogi bob amser yn sioe a oedd yn werth ei gweld.

Cyn hir, cyrhaeddodd y gert y maes ac aros. Daeth y dyrfa'n nes wrth i'r ddau gael eu cynorthwyo i ddod i lawr. Yna, daeth y gof ymlaen i dorri'r cadwynau'n rhydd.

Ni chafodd drafferth o gwbl i dorri cadwynau John Lloyd ond roedd rhai Philip Evans wedi cloi mewn rhyw ffordd ac ni allai eu symud. Doedd dim i'w wneud ond eu taro'n galed â gordd.

Gyda phob ergyd, saethai poen trwy gorff yr offeiriad. Dechreuodd ei waed lifo o friw ond daliai i wenu. Gwnaeth ei orau glas i gynorthwyo'r gof i daro'r haearn yn y man iawn. O'r diwedd, roedd yn rhydd, ac yn barod i ddringo'r grisiau i lwyfan y crocbren. Trodd i wynebu'r dorf ac meddai'n uchel:

"Canys eiddot Ti yw'r deyrnas, a'r nerth a'r gogoniant, yn oes oesoedd."

Wrth glywed ei eiriau, aeth y dyrfa'n fud. Doedd neb wedi disgwyl hyn. Yna, pan oedd y crogwr ar fin dod ymlaen, trodd yr offeiriad eto i wynebu'r dyrfa. Meddai:

"Rydyn ni'n dau'n cael ein crogi yma heddiw am un rheswm. Offeiriaid pabyddol ydyn ni. Rydyn ni'n addoli Duw yn ein ffordd ein hunain, mewn ffordd wahanol i chi – dyna i gyd. Yr un Duw ydy e, Duw cariad a Duw goleuni; Duw sy'n hoffi clywed telyn yn cael ei chanu. Dyna paham ein bod ni'n dau yn llawen fore heddiw. Rydyn ni'n mynd at y Duw hwnnw. Rydw i'n maddau i bob un ohonoch chi am hyn. Maddeuwch chwithau i ninnau."

Yn union wedi iddo orffen siarad, daeth John Lloyd ato ac ymaflyd yn ei law. "Dydw i ddim yn hoffi siarad yn gyhoeddus," meddai, "ond rwy i am ddiolch i bob un sy'n gwasanaethu yma, y crogwr, y siryf a phawb. Adeg o lawenydd yw'r adeg yr awn at Dduw."

Ar ôl iddyn nhw ysgwyd llaw â rhai o'r swyddogion, meddai Philip, "Fe af fi'n gynta, John."

Tynnodd ar dannau ei delyn am rai eiliadau cyn ei rhoi i orffwyso yn ymyl llwyfan y crocbren. Yna, dringodd y grisiau gan wenu ar bawb. Roedd yn parhau i wenu wrth i'r crogwr roi'r rhaff am ei wddw. Cymerodd ei groes a'i chusanu. Yna, yn sydyn, symudodd y crogwr ysgol y llwyfan gan ei adael i hongian. Bron

ar unwaith, torrwyd y rhaff a daeth milwr ymlaen i dorri ei ben a'i bedrannu.

Aeth y dyrfa'n fud. Doedd y bobl ddim wedi gweld crogi fel hyn o'r blaen. Doedden nhw ddim wedi gweld carcharorion yn gwenu wrth ddringo i lwyfan crocbren. Doedd y peth ddim yn sioe o gwbl.

Ar ôl gweld ei gyfaill yn cael ei bedrannu, dringodd John Lloyd i fyny'r grisiau. Cusanodd yntau'r groes cyn troi i chwifio ei freichiau ar y bobl.

"Ffarwél, gyfeillion hoff," meddai.

Ymhen ychydig eiliadau, dioddefodd yntau'r un dynged a throdd y dyrfa ymaith mewn siom.

Erbyn heddiw, does yr un llain o dir ble'r oedd y crocbren. Mae heol yno. Ei henw yw Heol y Crwys. Un o heolydd prysur y ddinas ydy hi gyda cheir a lorïau a bysiau yn rhuo ar hyd-ddi. Mae eu sŵn yn boddi pob sŵn arall.

Eto, ar waelod y stryd hon, amser maith yn ôl, roedd sŵn gwahanol iawn i'w glywed. Sŵn tannau telyn fach yr offeiriad pabyddol, Philip Evans.

123

Siopa yn Heol y Frenhines

Fel llawer dinas fodern arall, mae gan ddinas Caerdydd ganolfan siopa ddidraffig. Hynny yw, gall y bobl groesi'r strydoedd yn eofn mewn un rhan o'r ddinas gan nad oes hawl gan geir a lorïau i yrru yno.

Yn y rhan hon, codwyd canolfan arbennig ar gyfer siopwyr, canolfan foethus o dan do. Yr enw a roddwyd iddi yw Canolfan Siopa Dewi Sant. Roedd Dewi Sant yn hoffi'r bywyd syml yn ei fynachlog yng Nglynrhosyn yn Nyfed.

Canolfan Siopa Dewi Sant

Codwyd adeilad helaeth
dan enw Dewi Sant
yn ein prifddinas ni.
Cewch gerdded mewn clwysty
ar un ochr iddo
a sbïo ar lwydni'r hen eglwys gadeiriol
gerllaw.

124

Enw Dewi sydd ar honno hefyd,
ond mae'n llawer llai enwog
na'i chymydog newydd.

Yr ochr draw i'r drysau trwm
cewch brofi tir bendithion,
lle mae persawr yn yr awyr,
swynol nodau cerdd a dyfroedd byw.
Dan uchel eang wydrog do
mae allorau a lloriau llyfn,
ac ar bob tu
ceir trysorfeydd sy'n llawn prydferthwch
a gogoniant.
Dyma nefoedd o bryniadau,
dyma bwyslais ar yr hyn sy'n dda —
o deisennau hufen moethus, mawr
i berlau a diemwntau drud.
Gwyrthiol o dda yw'r gwerthiant.

A'r cwbl dan enw Dewi Sant.

Beth ddywedai Dewi, tybed,
am y lle?
Ein hatgoffa am y pethau bychain
a welsom
ac a glywsom
ganddo fe?

Gilbert Ruddock

Sadwrn yn y ddinas

I rai, mae byw mewn tref yn atgas.
I mi, mae'n nefoedd mewn prifddinas.
Mae rhamant pur yn enwau pobman,
Coed-y-gof a'r Mynyddbychan,
Y Waun a Thyllgoed a Threganna,
Yr Eglwys Newydd a Rhiwbeina,
Rhydypennau a Sant Isan,
Gabalfa, Cyncoed a Sain Ffagan,
Cathays, Parêd, Plasnewydd, Rhymni,
Pob un â'i swyn arbennig imi.

Mae'n brofiad mynd am dro i siopa!
Cewch bopeth am eich arian yma.
Cewch geir yn rhad yn Stryd y Ddinas.
Yn Debenham, cewch rywbeth addas
At bob ystafell yn y cartre;
Yn Woolworths, pethau da at chware.
Mae Howells yn lle da am fargen,
O gotiau ffwr i drap llygoden.

Ond meddai Dad, "Aiff neb i unman
Yng Nghaerdydd heb fôr o arian!"
"Digon gwir," ddywedaf innau.
Peidiwch ag anghofio'r banciau.
Mae Barclay's, Midland, Banc y Co-op,
Yn cynnig arian yn ddi-stop.
Arwyddwch bapur wrth y cownter,
Ac fe gewch ddigon mewn dim amser.

Mae'n hawdd cael bywyd braf heb geiniog!
Ble'n well i fynd ar ddiwrnod heulog
Na Pharc y Rhath a'i ryfeddodau,
Y llwyni coed a'r gerddi blodau?
Mae'n bosib treulio oriau, siŵr,
Yn rhwyfo cwch ar draws y dŵr,
Yn dringo'r rhaffau, mynd ar siglen,
Neu'n gwibio'n chwim i lawr y llithren.

Ac os daw glaw, does dim rhaid cymell
I nghael i i fynd i'r castell.
Mewn Neuadd Wledda neu mewn cell
Caf deimlo hud y dyddiau pell.
Ac wedi gorffen, am y cynta
At drysorau'r Amgueddfa.
Yna rhaid brysio i Neuadd y Ddinas;
Yng nghanol enwogion, pwy all fod yn ddiflas?
Hen Gymry'r canrifoedd mewn marmor llonydd
A bair inni gofio am fflam na ddiffydd.

A phan ddaw'r nos, ewch draw i'r Sherman.
Cewch yno dreulio oriau diddan
Yn gwylio drama. Neuadd Dewi
Sy'n cynnig gwledd o fiwsig inni.
Mewn sinema, cewch brofi rhin
A rhamant cysgod ar y sgrîn.

Fe fydd yn hwyr yn awr, mi wranta.
Ond cofiwch, fe ddaw'r Sadwrn nesa!
Pwy yn y byd all deimlo'n ddiflas
Wrth brofi bywyd y brifddinas?